COMÉDIES DE SOCIÉTÉ

HONNÊTES

PAR

Ls Jh VERDOLLIN

Ex-Professeur d'Histoire dans l'Université de France

AUTEUR DE

LE CŒUR ET LA RAISON
SENSATIONS ET SENTIMENTS
HISTOIRE ET PHILOSOPHIE

ETC.

NICE

TYPOGRAPHIE ET LITHOGRAPHIE, P. CONSO AÎNÉ

11, Rue du Pont-Neuf, 11

—

1890

COMÉDIES DE SOCIÉTÉ

HONNÊTES

PAR

Ls Jh VERDOLLIN

Ex-Professeur d'Histoire dans l'Université de France

AUTEUR DE

LE CŒUR ET LA RAISON

SENSATIONS ET SENTIMENTS

HISTOIRE ET PHILOSOPHIE

ETC.

NICE

TYPOGRAPHIE ET LITHOGRAPHIE, P. CONSO AÎNÉ

11, Rue du Pont-Neuf, 11

—

1890

AVANT-PROPOS

La personne adonnée à la danse peut, sans doute, faire de faux pas, faut-il pour cela renoncer à un exercice agréable, souvent nécessaire à l'entretien de la santé ? On voit des gens dont le vin abrutit le caractère, éteint la raison, abrège la vie, serait-ce à propos d'arracher les vignes ? Parfois des paroles légères ou malicieuses causent des querelles, des procès, des batailles, ceux qui n'ouvrent la bouche qu'en faveur de la sagesse seront-ils condamnés à se taire ? Parmi les produits naturels amassés dans les pharmacies se trouvent des poisons ; le médecin habile change en remèdes salutaires la digitale, la belladone, l'arsénic. Lui sera-t-il défendu de les employer pour soulager les malades et prolonger leur existence ?

Déduisons de ce qui précède que si, en toutes choses, l'abus est près de l'usage, il appartient à la prudence d'éviter les excès.

Des censeurs, hautains et moroses, se sont emportés contre le *théâtre* et ont osé traiter d'empoisonneurs publics et les auteurs des pièces et les acteurs de la scène. En vérité, cette obstentation de zèle austère est voisine de l'extravagance, et ne laisse voir qu'une ignorance égale à l'injustice. Si ceux qui ont ainsi parlé avaient été moins fougueux et plus instruits, s'ils avaient connu les usages d'un peuple voisin, ils auraient su que dans l'Espagne, très catholique, le théâtre, loin d'être bafoué, maudit et proscrit, était au contraire, honoré, fréquenté, entretenu sans cesse par des hommes d'église. Là des *piliers de la foi* employèrent l'éloquence et la poésie à soutenir le théâtre, car les plus notables écrivains, Solis, Calderon de la

Barca, Tirso de Molina, étaient moines, curés ou chanoines. Lope de Vega, curé de Madrid, génie hors ligne, a composé plus de quatre cent drames ou comédies. Ce fut précisément cette impulsion merveilleuse donnée à l'art dramatique au delà des Pyrénées qui vint chez nous allumer le génie, d'abord dans Corneille, puis dans Molière. Celui-ci, fils d'un tapissier, aurait pu, comme son père, mener une vie aisée, sûre et paisible. Entraîné par une vocation irrésistible, il préféra courir les chances d'une carrière incertaine. Acteur d'abord, il essaya bientôt de composer : ses tentatives eurent un plein succès en province. A Paris, l'accueil fut moins flatteur... Aussi Boileau a-t-il dit :

> Avant qu'un peu de terre, obtenu par prière,
> pour jamais sous la tombe eut enfermé Molière...
> l'ignorance et l'erreur, à ses naissantes pièces,
> en habits de marquis, en robes de comtesses,
> accouraient pour rallier son chef-d'œuvre nouveau,
> et secouaient la tête à l'endroit le plus beau.

Mais, quand il fut mort :
On reconnut le prix de sa muse éclipsée...
L'Académie, dont il n'avait pas été membre, voulut que le buste de ce grand homme ornât la salle de ses séances, avec cette inscription :

Rien ne manque à sa gloire, il manquait à la nôtre.

Ses principales œuvres, qui suffiraient à rendre son nom immortel, sont : *Le Misanthrope, l'Avare, le Tartufe, l'Ecole des femmes, l'Ecole des maris, les Femmes savantes, Don Juan, le Bourgeois gentilhomme,...* etc. Observateur sagace de la Société, excellent peintre de ses mœurs, Molière sut dévoiler les travers, les vices des hommes, et par la raison ou par la risée, les induire à se réformer. Au lieu de vivre tapissier, eut-il tort de se placer parmi les instituteurs du genre humain ?

Racine, dans ses meilleures tragédies a fourni le type de la perfection ; Molière a rendu à la comédie le même service. Depuis 200 ans, chez dix nations de l'Europe, des milliers de pièces ont été jouées au théâtre. Aucun auteur ne l'a égalé ; pas même Voltaire qui gâta les siennes en y semant trop d'esprit. La même faute fut reprochée à l'aimable Marivaux dont les conceptions polies, élégantes et pures ont d'ailleurs tant de mérite.

Quant à ce qui concerne cet opuscule, j'ajoute qu'en admirant Molière, je ne me suis pourtant pas proposé de marcher sur ses traces. Les bornes trop resserrées d'un théâtre de Société ne le permettraient pas. Dans ces conditions, tout ce que l'on peut faire, je crois, c'est de choisir une action simple, dégagée d'incidents compliqués et de marcher d'un pas léger vers le but, sans recourir aux bouffonneries de la farce triviale, ni aux raffinements d'un esprit subtil. On ne trouvera donc ici ni grosse gaîté, ni jargon faubourien, ni bouffissure emphatique, ni excentricité naturaliste, ni prétention de candidat à l'Académie.

Si le lecteur rencontre dans ces compositions peu graves, quelque leçon utile et un délassement de bon goût, le but que je me suis proposé en publiant ces Comédies de société... honnêtes aura été à peu près atteint.

TABLE DES MATIÈRES

COMÉDIES

POÉSIES

M·A·R·I·E

ou

LES JEUNES MODISTES

PERSONNAGES :

MARIE, ouvrière, 18 ans.
ZOÉ, ouvrière, 22 ans.
Madame FLORIVAL, patronne du magasin.
Madame BRIMBORION, cliente.
LAFLÊCHE, valet de pied.
PIPIDON, domestique.
Un facteur de la poste.

La scène est à Grasse, dans un magasin de modes.

1ʳᵉ SCÈNE

MARIE, ZOÉ.

MARIE. — Tes conseils, ma chère Zoé, sont ceux d'une personne de bon sens, je l'avoue, et d'une véritable amie, je dois t'en remercier. Mais tu as beau avoir raison, tu ne viendras cependant pas à bout de me convaincre. C'est que, vois-tu, je suis à la fin dégoûtée, ennuyée au dernier point du métier que j'exerce. Je ne crois pas être née uniquement pour tirer l'aiguille du matin au soir. Passer ma vie clouée sur une chaise, et immobile comme une statue ; oh ! c'est plus fort que moi, j'en mourrais. J'ai tant besoin d'air, de liberté, de mouvement ! Le sang qui coule dans mes veines exige que je remue, que je coure, que je danse... C'est ma vie. (*Elle jette sur la table l'ouvrage qu'elle avait en main*).— Allons c'est résolu: jamais je ne ne me plierai à l'état de modiste.

ZOÉ. — Prends garde, mon amie, de commettre une imprudence ; ne te fixe point, sans y réfléchir, à une

1

décision qui te coûterait ensuite de cuisants regrets.
Notre état offre, il est vrai, aux femmes des gênes,
des privations, des contrariétés, mais en connais-tu
un autre qui en soit tout-à-fait exempt? Considère
qu'ici, ton existence, assurée par ton travail et ta bonne
conduite, te préserve de beaucoup de dangers; surtout
ne vas pas renoncer au pain gagné honorablement
pour embrasser des chimères. Préfère l'oiseau que tu
tiens dans la main à celui qui vole encore ; si tu me
quittais, quelle serait mon inquiétude sur ton avenir !
Pauvre enfant, orpheline et sans fortune, que devien-
dras-tu ? que feras-tu pour gagner la vie ?

MARIE. — Ce que je ferai ? (*Après un moment de
réflexion*) Je serai danseuse... voilà, du moins une
vie ! Toujours en exercice, toujours en fête. Et puis,
figure-toi quel plaisir ce doit être pour une femme de
danser en brillant costume, dans un beau théâtre,
devant une société nombreuse et magnifique, de
s'entendre applaudir, de recevoir bouquets et cou-
ronnes, de voir les beaux messieurs battre des mains,
en criant : *Bravo ! Bravo !...* (*Se levant de son siège
avec vivacité*) Enfin, je veux être danseuse, ma chère.

ZOÉ (*Prenant Marie par la main et la faisant
asseoir*). — Eh bien ! mon amie, soit, tu danseras
demain, si tu le veux ; en attendant, finis cette garniture de chapeau ; Mme la Comtesse Bellerose compte
dessus, et malheur à nous ! s'il n'était pas prêt
à 6 heures.

MARIE (*Regardant à la pendule*). — Oh ! il n'en est
que trois. J'ai encore du temps de reste... D'ailleurs,
si la garniture n'est pas parfaite, la Comtesse s'en
contentera... Une parure qui sort de chez Mme Florival
est toujours trouvée irréprochable. (*Elle sourit*).

ZOÉ. — Sans doute... Mme Florival est venue à
Grasse pour y donner des leçons de goût. Auparavant,

on n'avait vu que rarement des ouvrages à l'aiguille élégants, gracieux, coquets comme les siens.

MARIE. — *Gracieux, coquets !* En vérité, ma chère, tu as bien pris le style de ton modèle. Aussi Madame t'appelle volontiers sa première ouvrière. En son absence, tu saurais bien, comme elle, en imposer aux dames qui fréquentent la maison.

ZOÉ. — Ne vas-tu pas finir de divaguer, petite folle ?

MARIE. — Bon, je suis à l'œuvre. (*Mettant parmi les rubans une fleur jaune*) Je vais fixer cette grande fleur à cette place là.

ZOÉ. — Laisse-moi voir un peu. (*Examinant la fleur*) Y penses-tu ? Ne sais-tu pas que le jaune contraste avec la figure de cette dame ?

MARIE. — Eh ! c'est pour cela que la fleur doit être posée là... C'est une dame fière... Quand je vais chez elle, je suis reçue et traitée comme une servante, et puis jamais la moindre gratification. Je ne serais pas fâchée de la rendre ridicule. Tant pis pour elle !

ZOÉ. — Ah ! Marie, tu n'es guère de bonne humeur aujourd'hui.

MARIE. — Du tout... Comme à l'ordinaire, je dis ce que je pense... Et, si j'étais à ta place, je ferais tant de tours malins à cette vaniteuse, qu'elle se dégoûterait de venir par ici.

ZOÉ. — Et penses-tu, qu'en agissant ainsi, tu irais loin sur la route de la fortune ?

MARIE. — On peut espérer de faire fortune avec les gens qui paient, oui, mais cette dame qui n'a pas soldé son compte de l'an passé, quel bénéfice laissera-t-elle à Mme Florival ?

ZOÉ. — Ah ! comme on voit bien, ma chère, que tu n'as pas encore saisi la pratique du métier. Ecoutemoi, et tu seras au fait. Dès qu'une dame, par sa position est à même de jouer un certain rôle dans la société, qu'elle est citée pour son goût, qu'elle se pique de donner l'élan aux modes, une maison de commerce doit s'attacher à la compter dans sa clientèle, car une foule d'autres femmes s'empressent de l'imiter. Il peut arriver que l'on éprouve des pertes avec elle ; il n'en faut pas moins la contenter, on gagne d'ordinaire largement avec les autres ce qu'elle a fait perdre. C'est un hameçon qui procure des pêches lucratives.

MARIE. — Voilà ce que je n'aurais jamais imaginé.

ZOÉ. — Il y a si peu de temps que tu es dans la partie !

MARIE (*Soupirant*). — Oui Zoé... Et, sans la mort prématurée de ma mère, je n'y serais probablement pas entrée.

ZOÉ. — Ta mère était donc d'une famille aisée ?

MARIE. — Je crois bien... Mon grand père maternel avait des propriétés évaluées à plus de 250 mille francs. Par malheur, il céda trop à la fatale passion du jeu, et dans l'espace de 3 ans il fut presque ruiné. Ma mère, sa fille unique, ne tarda guère à le voir mourir de chagrin ou du regret de ses folies. Elle était encore jeune et, d'une si grande fortune, il lui resta, au plus, 8 mille francs.

ZOÉ. — Pauvre amie, que ton sort est à plaindre !

MARIE. — Le seul appui de ma mère, dans sa disgrâce, était un oncle, à peu près riche comme mon aïeul. D'un âge mûr et célibataire, cet oncle la recueillit chez lui, et la traita de la manière la plus affectueuse. Sachant apprécier le mérite d'une proche parente laborieuse, intelligente, capable de tenir convenablement son ménage, il lui déclara un jour son intention de lui léguer toute sa fortune ; mais sous la condition expresse de rester toujours auprès de lui et de ne pas se marier. Au lieu de se laisser éblouir par les avantages de la richesse, ma mère, à quelques temps de là, s'étant éprise d'un peintre de talent qui la courtisait, s'échappa de la maison et alla dans une autre ville où elle épousa l'artiste de son choix.

Zoé. — Et comment l'oncle prit-il cette escapade ?

Marie. — Tout d'abord, emporté, furieux, il jura qu'il ne reverrait plus sa nièce... et les relations entre nous cessèrent. Quant au nouveau ménage, ses affaires, d'abord, n'allèrent pas trop mal. Mon père avait de l'esprit, l'œil sûr, la main délicate ; de bonne heure son talent fut connu, il gagna beaucoup en faisant des portraits ; ma mère n'avait que le soin de tenir la maison ; ce fut ainsi qu'ils jouirent d'une existence tranquille et douce. Ma naissance mit le comble à leurs désirs ; ils se crûrent dès lors tout à fait heureux... Mais qu'une situation pareille est incertaine et peu durable !... Un jour que mon père était occupé à réparer un tableau dans une église, l'échafaudage qui le portait venant à s'écrouler, le malheureux artiste tomba et se rompit une côte... Quand on l'eut porté chez lui, un chirugien habile fut appelé ; il lui prodigua ses soins, mais toutes les ressources de l'art furent inutiles : hélas ! il mourut, laissant sa veuve dans une grande gène et chargée d'une petite fille. Du Muy, où nous habitions, elle eut l'idée de venir à Grasse. Assistée par une de ses amies, elle s'attacha d'abord à refaire sa santé délabrée ; puis, une fois rétablie, elle se fit garde de nuit, et se chargea d'appliquer des sangsues aux malades. A cette époque, on en faisait une grande consommation dans le pays Chaudement recommandée par des dames charitables, ma mère ne tarda point à se faire une clientèle, si bien que parfois elle ne pouvait suffire aux demandes. Elle put réaliser alors des profits notables, et nous fûmes à l'aise.

Zoé. — Mais, quand ta mère était dans la détresse, son oncle l'oublia-t-il, et après son veuvage refusa-t-il encore de lui pardonner ?

Marie. — Obstiné dans sa haine, il ne répondit à aucune des lettres qu'elle lui écrivit. Maintes fois la meilleure amie de ma mère la pressa de se rendre près de l'oncle qui se faisait vieux et de le solliciter pour qu'il eut au moins compassion de moi... Elle ne voulut pas se prêter à ce qu'elle regardait comme un abaissement indigne. D'ailleurs comme le travail subvenait à nos besoins, elle jugeait inutile de s'humilier pour être amnistiée de fautes imaginaires par un oncle maniaque, entêté, qui prétendait lui faire une loi du célibat.

Zoé. — A ce qu'il me semble, le tempérament et le caractère de la mère avaient de l'analogie avec ceux de sa fille. (*Elle sourit*).

Marie. — Mais n'aurais-tu pas fait comme elle ? N'était-il pas ridicule de prétendre l'obliger à rester fille ?

2e SCÈNE

LES MÊMES, LAFLÈCHE.

Laflèche (*Entrant, il s'adresse à Zoé*). — Mademoiselle, je viens de la part de Mme Cornaline voir si les chapeaux à la mode nouvelle sont arrivés de Paris.

Zoé. — Dites, je vous prie, à Madame que nous avons reçu l'avis de leur entrée en *gare*... Nous irons demain les retirer. Si Madame veut bien prendre la peine de passer ici, elle les y trouvera sûrement.

Laflèche. — Madame m'a bien recommandé de vous dire qu'elle compte d'être la première à les voir.

Zoé. — Dans ce cas, priez-là de venir à 11 heures.

Nous ne les laisserons voir à personne avant qu'elle ait fait son choix.

Laflêche. — Parfaitement... (*Il s'en va*).

3e SCÈNE

LES MÊMES

Zoé (*Riant*). — Ah ! la bonne âme que cette dame Cornaline !... Elle croit que nous faisons réellement venir les chapeaux de Paris, et ne se doute pas qu'ils sont tout bonnement confectionnés dans l'arrière-boutique... Mais, revenons à nous et dis-moi la fin de ton histoire.

Marie. — Ce qui reste à conter n'est pas long. Quand j'eus un peu grandi, j'appris à broder et j'exécutai diverses commandes sur la mousseline ou la laine. Ainsi nous jouîmes d'une plus grande aisance et ma mère parvint à réaliser plus de 400 francs d'économies... Cette situation prospère ne dura que trop peu. . L'automne dernier ma mère eut une courbature compliquée de douleurs d'entrailles si fortes, qu'elle dût se mettre au lit. Malgré les soins d'un bon médecin, le mal persista, fit de progrès effrayants, au point qu'au bout de deux mois, les visites du docteur et les remèdes de la pharmacie avaient consumé toutes nos épargnes. Si du moins ma mère eut été guérie, j'aurais été bien contente, mais elle ne fut guère soulagée. Après avoir souffert un long martyre, j'eus la douleur de la voir expirer à Noël.

Zoé.— Pauvre amie, combien je compatis à la peine que te cause cette perte cruelle !

Marie.— Quand je fus devenue tout à fait orpheline, j'eus recours à l'amie la plus intime de ma mère. Elle consentit à me prendre chez elle, où je passai quelque temps ; puis elle me présenta chez Mme Florival, qui me reçut comme ouvrière ; c'est ainsi que j'ai eu la chance de connaître ma bonne, ma chère Zoé... (*Elle l'embrasse*).

Zoé. — Tu es payée de retour ; aussi, quoique nos caractères diffèrent, je sens pour toi une sympathie que je n'ai eu pour aucune autre compagne.

Marie. — A présent, je serais bien aise d'apprendre comment il se fait que, étant depuis plusieurs mois ensemble, tu n'aies pas eu la curiosité de connaître les antécédents de ma vie.

Zoé. — J'en avais le plus grand désir, mais te voyant timide, triste, silencieuse, je craignais de t'affliger par des questions indiscrètes.

Marie. — Et moi j'étais prête à raconter tout, mais il nous arrive si rarement de rester seules et sans témoins...

Zoé. — Allons, mon amie, remets-toi au travail à présent, il est 4 heures.

4ᵉ SCÈNE

LES MÊMES et Mme BRIMBORION.

(*On entend rouler dans la rue une voiture, qui tout à coup s'arrête. La porte du magasin est ouverte par un laquais, et l'on voit entrer une dame, vêtue avec une élégance recherchée*).

Mme Brimborion (*Parlant à Zoé*). — Peut-on, Mademoiselle, parler à Mme Florival ?

Zoé. — Veuillez, Madame, vous asseoir un moment ; je vais m'en informer. (*Elle sort*).

(*Mme Brimborion va se poser devant le miroir, où elle se regarde en se donnant de grands airs...Marie, l'observant à la dérobée, sourit*).

Zoé (*Avant de reprendre son siège*). — Mme Florival sera ici tout à l'heure.

Mme Brimborion (*A Zoé*). — La nouvelle caisse est-elle arrivée de Paris ?

Zoé. — Madame, on nous a avisé qu'elle est en gare. Elle sera ici demain.

Mme Brimborion. — C'est que je tiens fort à en voir d'abord le contenu.

Zoé. — Si Madame veut être ici à 10 heures, elle aura le premier choix.

5e SCÈNE

LES MÊMES, Mme FLORIVAL.

Mme Florival. — Pardonnez-moi, Madame, de vous avoir un peu fait attendre. J'avais à mettre la dernière main à une parure demandée par Madame la marquise de Prétintailles et je ne pouvais la quitter au moment décisif.

Mme Brimborion. — Eh ! que dites-vous là, Madame la marquise ne fait pas venir ses parures de la capitale ?

Mme Florival. — C'est la vérité, Madame. Elle trouve que les modes parisiennes se règlent souvent sur un type trop exagéré. Nous les observons ensemble et je les modifie d'accord avec elle. Par là l'on évite de tomber dans un genre vulgaire, et l'on obtient un travail d'une exquise originalité, comme ce qui distingue les dames les plus élégantes de Paris.

Mme Brimborion. — Cela est juste .. J'avais déjà noté que les modes de Paris, servilement copiées, deviennent bientôt disgracieuses et communes.

Mme Florival. — A présent, Madame, que puis-je faire pour vous servir ?

Mme BRIMBORION. — Je voudrais un béret à la Marie Stuart. Il doit y avoir à la sous-préfecture un grand bal costumé ; et j'ai pensé que je ferais bien de m'habiller à la mode du XVIe siècle : cela doit produire un bon effet.

Mme FLORIVAL. — Vous serez, Madame, servie à souhait... Et ! à propos, n'auriez-vous pas envie, pour ce bal, d'un joli mouchoir. Vous en avez en quantité, je le sais, mais peut-être pour le plaisir de varier devriez-vous essayer du nouveau. J'en ai reçu de Paris qui sont d'un goût parfait.

Mme BRIMBORION. — Ah ! vous voulez me tenter, je devrais éviter le danger ; je n'en ai pas le courage... Montrez-moi un peu ces mouchoirs. (*Mme Florival tire de dessous le comptoir une boîte en carton, elle étale quatre mouchoirs sur la table*).

Mme FLORIVAL. — Examinez bien ceci, Madame. Pensez-vous que l'on ait vu quelque chose d'aussi bien travaillé ?

Mme BRIMBORION. — Ils sont, je l'avoue, admirables. . Quel en est le prix ?

Mme FLORIVAL. — Eu égard au travail, ils ne sont pas chers. Ils viennent de la première maison de nouveautés de Paris, et comme j'y fais des achats importants, on m'accorde quelques petites réductions sur les factures... Celui-ci, dont la garniture est la plus riche vaut 180 francs au plus bas ; celui-là, 167 ; les deux autres, valent chacun 150 francs.

Mme BRIMBORION. — Et il vous paraît qu'ils sont à bon marché ?

Mme FLORIVAL. — Sans doute, Madame. Essayez, s'il vous plaît, de voir les pareils dans une autre maison et vous vous assurerez de la modicité des prix chez moi.

Mme BRIMBORION. — Oh ! vous savez que j'ai l'habi-

tude de tout acheter ici. J'aime mieux n'avoir de
compte ouvert que dans une maison... Eh bien !
va ; je me décide pour le plus beau.

Mme FLORIVAL. — Vous pouvez être sûre, Madame,
d'avoir fait un excellent choix.

Mme BRIMBORION. — Quand vous enverrez la facture,
faites en sorte, je vous prie, qu'elle me soit remise
sans passer sous les yeux de mon mari Il est inutile
qu'il connaisse mes frais de toilette.

Mme FLORIVAL. — Vos ordres, Madame, seront
exécutés.

(*Mme Brimborion sort*).

6e SCÈNE

LES MÊMES

Mme FLORIVAL. — Zoé, je vais remonter là-haut et
je ne redescendrai pas. J'ai quelques personnes à
recevoir ; je ne peux pas me déranger, si Mme Durbec
ou quelque autre de la campagne se présente, ayez
soin de ne pas lui montrer les chapeaux nouveaux.
Du moment qu'ils seraient vus sur leur tête, ils
perdraient leur prix ; faites-leur voir ceux de l'an
passé et conseillez-leur de les acheter.

Zoé. — Je n'y manquerai point, Madame.

Mme FLORIVAL. — N'oubliez pas surtout la garniture
de Mme Bellerose.

MARIE. — Je suis en train de la finir, Madame.

(*Mme Florival s'en va*).

7e SCÈNE

LES MÊMES

Zoé. — As-tu compris, Marie ? La patronne recom-
mande que l'on se dépêche et tu as à peine commencé.

MARIE. — Je m'y suis prise de diverses façons, mais je n'ai guère réussi. . Je sens qu'il est difficile de mener un travail à bien quand on le fait à contre-cœur.

ZOÉ. — Il faut pourtant le faire et y mettre tous ses soins, ma chère. C'est notre devoir.

8e SCÈNE

LES MÊMES, UN FACTEUR POSTAL.

LE FACTEUR (*En entrant*). — Pardon, Mesdemoiselles ; n'est-ce pas ici que reste une demoiselle nommée Marie Garnier ?

MARIE. — Oui, et c'est moi.

LE FACTEUR. — Enfin, me voilà, Dieu merci, au bout de mes peines. Ce n'est pas trop tôt : j'ai couru d'ici de là près d'une heure avant de vous rencontrer.

MARIE. — Pour quel motif me cherchez-vous ?

LE FACTEUR. — J'ai une lettre à vous remettre.

MARIE. — Une lettre !... De quelle part ?

LE FACTEUR. — Que sais-je moi ?... Elle vient du Muy... Vous savez, je suppose, les frais du port ; et puis, si vous voulez donner quelque chose pour mes courses...

MARIE. — Qui donc peut m'avoir écrit ? serait-ce, par hasard, mon oncle ?... Tenez facteur, voilà un franc.

LE FACTEUR. —Je vous suis fort obligé, Mademoiselle. (*Il sort*).

9e SCÈNE

LES MÊMES.

MARIE (*Lisant l'adresse*). — Cette écriture ne ressemble pas à celle de mon oncle... Après tout, depuis qu'il vieillit, la sienne peut avoir changé. (*La lettre décachetée et la signature lue, elle voit : Paul Mollat, notaire*). Un notaire !...Que s'est-il donc passé là-bas? (*Elle lit ensuite la lettre à haute voix*).

« Mademoiselle, je viens remplir auprès de vous un triste devoir : j'ai à vous faire part de la mort de monsieur votre oncle Après une courte maladie, il est décédé avant-hier, assisté de quelques amis, et j'étais de ce nombre. Avant sa mort, il voulut réparer les torts qu'il avait eu envers votre mère et envers vous, en vous instituant héritière de ses biens, dont la valeur est à peu près de 230 mille francs. J'espère que cette marque d'affection vous rendra encore plus chère la mémoire d'un oncle qui, dans les derniers temps de sa vie, ne cessait de parler de vous. En vous invitant à ne pas tarder à me donner vos ordres au sujet de la succession, je vous prie d'agréer l'assurance de mon respect et de mon dévouement. »

Est-ce que je rêve, Zoé ! ou suis-je éveillée ?

Zoé. — Non, mon amie, tu ne rêves pas. Ce qui est vrai c'est que tu es devenue riche subitement et que tu seras à l'avenir exempte de l'ennui de gagner ta vie par ton travail.

Marie (*Embrassant Zoé*). — Oh ! que je suis heureuse !.. Qui aurait cru...

Zoé. — Penses-tu encore à te faire danseuse ?

Marie. — Non certes ; mais puisque ma condition s'est améliorée, je prétends que tu en profites aussi. Nous irons habiter ensemble la même maison et nous mènerons la vie la plus agréable du monde.

Zoé. — Oh ! ma chère Marie, que tu as bon cœur !

10ᵉ SCÈNE

LES MÊMES, PIPIDON.

PIPIDON (*Entrant*) — Mesdemoiselles, je viens de la part de Mᵐᵉ la Comtesse Bellerose, chercher la garniture qu'elle attend.

MARIE. — Ah ! mon Dieu ! Elle n'est guère avancée... Qu'allons-nous faire ?

ZOÉ. — Passe-moi la... Je vais arranger cela au mieux. (*A Pipidon*) Pouvez-vous attendre un petit quart d'heure ?

PIPIDON.— Oui, Mademoiselle. Je pense que Madame me pardonnera ce retard. (*Il s'en va*).

11ᵉ SCÈNE

LES MÊMES.

MARIE. — Zoé, je vais tantôt prendre congé de Madame et puis tu sortiras avec moi.

ZOÉ. — Tu veux donc que je te suive dès aujourd'hui ? Et que dira Mᵐᵉ Florival ?

MARIE. — Pour quelques jours, elle prendra des aides momentanées, en attendant qu'elle trouve à qui donner sa pleine confiance. Elle est trop juste pour s'opposer à ce que je m'occupe de mes graves affaires. Toi, tu me prêteras le secours indispensable de ton expérience. En tout cas, tu seras assez bien dédommagée de ce que tu vas laisser.

ZOÉ. — Eh bien soit, j'accepte, mais à une condition, c'est que, si l'idée me vient de me marier, je serai libre.

MARIE. — Oh ! sur ce point tu as carte blanche. Loin de te contrarier, je t'avoue, que mon cœur me dit qu'avant six mois nous serons toutes les deux mariées, heureuses en ménage, et toujours bonnes amies.

HÉLOÏSE

PERSONNAGES :

Madame LÉTOURNEAU, veuve et rentière, 55 ans.
HÉLOISE, sa fille unique, 26 ans.
ARTHUR PIVERT, propriétaire.
GEORGES BLAIREAU, peintre.
NICOLAS, domestique de Madame Létourneau.

La scène se passe à Nevers, dans un boudoir,
chez Mme Létourneau.

1re SCÈNE

(Héloïse, fort parée, est assise près de la fenêtre, en face du peintre qui fait son portrait en miniature, sa mère debout, regarde le portrait).

M. BLAIREAU. — De grâce, Mademoiselle, tâchez de ne pas remuer la tête sans cesse ; il me serait impossible de continuer mon œuvre.

HÉLOÏSE. — Oh ! Monsieur, si vous saviez combien il est pénible de rester longtemps dans la même attitude, sans le moindre mouvement !

LA MÈRE. — Allons, ma fille, encore un peu de patience, tu en seras plus tôt quitte. Songe d'ailleurs que c'est pour agréer à un ami.

HÉLOÏSE *(Souriant)*.— Pourquoi, au lieu de se contenter de l'original, a-t-il de plus besoin d'en avoir une copie ?

LA MÈRE. — Il convient de passer à M. Arthur ce désir qui prouve l'affection qu'il te porte. Il est bien juste de faire quelque chose pour un fiancé doué de qualités très estimables et riche.

Héloïse. — S'il n'était pas aussi distingué, me serais-je décidée à devenir sa femme ?

La Mère. — Qui sait ? Mais lui aussi n'y a-t-il pas mis de la complaisance, quand il a consenti à venir vivre à Nevers, après avoir passé plus de 40 ans dans son château de Vezelay ?

M. Blaireau. — Ce n'est que juste de sa part. Car enfin, condamner une fille aussi charmante que Mademoiselle à vivre dans un désert, ce serait un vrai meurtre.

Héloïse — Hé ! Monsieur, prenez garde, vous me flattez. .

M. Blaireau. — Non, certes ; je répète ce qui se dit partout ; et, si je l'osais, j'ajouterais que vous êtes trop bonne d'accepter les offres d'un cavalier aussi mûr que M. Pivert.

La Mère. — Que dites-vous là, Monsieur ? M. Pivert est encore gaillard, vif et gai comme un poisson dans l'eau... A peine lui donnerait-on 35 ans. Et puis il est très aimable en société.

Héloïse. — D'ailleurs, sa maison est superbement meublée. Après le mariage, il aura une demi-douzaine de domestiques, chevaux, voitures, loge au théâtre, etc... Oh ! quel plaisir de sortir seule, quand je voudrai !

La Mère. — Est-ce que ma compagnie ne te plaît pas ?

Héloïse. — Oh ! je suis loin de le penser... Pourtant, quelquefois je... (On entend frapper à la porte).

La Mère. — Entrez !

2ᵉ SCÈNE

LES MÊMES, NICOLAS.

NICOLAS. — Madame, je reviens de la poste ; il n'y a pas de lettre pour vous.

LA MÈRE. — C'est étrange !... As-tu pris soin de faire bien chercher dans les casiers ?

NICOLAS. — Certainement, Madame, et plutôt deux fois qu'une.(*Madame fait signe à Nicolas de se retirer. Il sort*).

3ᵉ SCÈNE

LES MÊMES.

HÉLOÏSE. — Après tout, c'est peut-être un indice que M. Pivert s'est déjà mis en route et qu'il arrivera bientôt... Alors, à dimanche les fiançailles ; je mettrai alors à ma ceinture une belle montre d'or avec sa chaîne...

LA MÈRE. — Allons, vas-tu nous débiter des extravagances, petite folle ? Songe plutôt à la réception convenable de M. Pivert, s'il venait nous surprendre à l'improviste, où en serions-nous ?

M. BLAIREAU. — C'est vraiment une belle chose que le mariage. N'est-ce pas, Mademoiselle ? Que de plaisirs il réunit à la fois !

HÉLOÏSE. — Oh ! oui : la corbeille de la mariée, les bijoux, les cadeaux des parents, les visites de cérémonie, les compliments, les grands dîners. Quelle vie délicieuse ! Comme mes cousines et mes amies seront jalouses à la vue de mes riches atours et de mon chapeau de satin rose orné de plumes !

M. BLAIREAU. — Fasse le ciel, Mademoiselle, que votre bonheur soit durable !

LA MÈRE. — Que voulez-vous dire, Monsieur ?

2

M. Blaireau. — C'est qu'il y a ici, Madame, une telle disproportion d'âge...

La Mère. — Bah ! qu'importe ? C'est l'argent et non la jeunesse qui fait les ménages heureux... Et puis, il devient malaisé de se marier. Il n'y a qu'à voir la conduite de la plupart des jeunes gens du siècle. A quoi pensent-ils ? Peut-être à se divertir ; mais de mariage, il n'en est guère question.

M. Blaireau. — La frivolité en est la cause, Madame. Mais peut-être y en a-t-il d'autres. Par exemple, si beaucoup d'hommes aiment mieux vivre pauvres célibataires qu'époux misérables, cela ne viendrait-il pas de ce que l'entretien d'un ménage est bien coûteux ?

Héloïse. — Faudra-t-il donc qu'une dame qui se respecte vive en avare dans un logis étroit, obscur, incommode, sans meubles ; se nourrisse de pain bis et de fèves, boive de l'eau et ne s'habille que des étoffes les plus ordinaires ?

M. Blaireau. — Je n'ai pas à me prononcer, Mademoiselle, sur une question qui ne me concerne point, mais vous qu'elle intéresse particulièrement vous ferez bien d'y réfléchir à nouveau et d'agir en conséquence. (*En reprenant ses pinceaux et ses couleurs*) La séance a été plus longue que de coutume ; en voilà assez pour aujourd'hui.

Héloïse (*Venant vite se placer près du peintre*). — Permettez que je voie comment je suis peinte. (*Examinant le portrait*) Cela n'est pas mal, mais je serais bien aise de ne pas me voir le visage aussi rouge. (*Se regardant au miroir*) Il est vrai que si, à présent, il est haut en couleur, ce peut-être l'effet de l'émotion. Il me plairait d'avoir une physionomie un peu pâle, intéressante.

M. Blaireau. — Eh bien ! je vous y rendrai pâle

comme si vous releviez de maladie. Vous savez que la ressemblance est l'essentiel.

HÉLOÏSE. — Là-dessus, il n'y a rien à dire... sinon que la bouche plus petite irait mieux.

M. BLAIREAU. — Il est facile de la réduire, si vous y tenez.

HÉLOÏSE. — Et quand le tableau sera-t-il fini ?

M. BLAIREAU. — Après-demain, au plus tard. Mes-dames, j'ai bien l'honneur... (*Il salue et sort*).

4e SCÈNE

LES MÊMES, puis NICOLAS.

LA MÈRE. — En vérité, ce peintre émet ses opi-nions en termes quelquefois si crus qu'il en devient brutal. (*Elle va s'asseoir près de sa table et continue sa broderie*).

HÉLOÏSE (*S'asseyant près d'elle*). — Pardonnez-lui, ma mère, quelques mots un peu brusques. Comme il m'a donné pendant plusieurs années des leçons de dessin, il n'est pas étonnant qu'il use d'une certaine familiarité... D'ailleurs, au fond, ce qu'il dit est vrai.

LA MÈRE. — C'est possible, mais il a tort de le dire. Figure-toi ce que l'on penserait de toi, si le bruit courait que tu fais un mariage d'intérêt !

HÉLOÏSE. — En épousant un homme bien au-dessus de mon âge, je ferai jaser le monde, mais, à quoi bon, m'en soucier ? Il est d'ailleurs certain que si j'eusse trouvé un brave et aimable jeune homme, quoique moins riche que M Pivert, celui-ci n'aurait pas la préférence.

LA MÈRE. — Hélas, cet excellent jeune homme n'est pas venu et les 26 ans vont passer.

HÉLOÏSE. — Ah ! que me rappelez-vous, ma mère ?

La Mère. — N'oublions pas qu'il y a, en foule, des jeunes filles moins agées que toi, nubiles et pourvues d'une grosse dot...

Héloïse. — C'est justement ce motif qui m'a décidée en faveûr de M. Pivert.

La Mère. — Quel dommage qu'il souffre de la goutte !

Héloïse. — Quand la goutte le retiendra au logis, je ne serai pas moins libre de sortir, n'est-ce pas ?

La Mère. — Certainement. D'ailleurs, vous occuperez des appartements séparés, et, lorsqu'il sera indisposé, vos deux lits seront loin l'un de l'autre. (On entend frapper à la porte).

(Une voix connue répond derrière la porte : C'est moi, Madame).

La Mère. — Eh bien ! entrez, Nicolas. (Nicolas entre).

Nicolas.— Madame, M. Pivert est au salon et désire de vous voir.

La Mère et sa Fille. — M. Pivert ! (S'écrient-elles en se levant aussitôt).

La Mère. — Dites-lui qu'il prenne la peine de s'asseoir et que nous allons le rejoindre ! (Nicolas sort).

La Mère. — Vite, vite, Héloïse, allons le recevoir.

Héloïse (Après avoir couru se placer devant le miroir, se lisse les cheveux, arrange sa robe et refait le nœud de son fichu).— Voyez, ma mère, comme mon pressentiment s'est réalisé.

La Mère. — Eh bien ! Es-tu prête, voyons?

Héloïse. — Oui, ma mère ; prenez les devants.

5e SCÈNE

LES MÊMES, M. PIVERT.

(La mère et sa fille se dirigent vers le salon. En ouvrant la porte, elles voient venir à leur rencontre un beau jeune homme de 28 à 30 ans, tout habillé de noir avec une élégante simplicité).

LA MÈRE ET SA FILLE *(Surprises)*. — Oh !

M. PIVERT. — Peut-être, Mesdames, vous attendiez-vous à une autre visite que la mienne.

LA MÈRE. — En effet, Monsieur ; le domestique, en annonçant M. Pivert nous a fait penser au fiancé de ma fille Héloïse.

M. PIVERT *(Souriant)*. — A mon oncle, peut-être...

LA MÈRE. — Ah ! Monsieur, seriez-vous le neveu de M. Arthur Pivert ?

M. PIVERT. — Précisément, j'ai cet honneur, Madame.

HÉLOÏSE *(A part)*. — Le beau garçon ! Quelle différence avec l'oncle !

LA MÈRE. — Asseyez-vous, Monsieur, je vous prie, et posez votre chapeau. *(M. Pivert s'assied sur le canapé près de Madame Létourneau ; Héloïse occupe un siège de l'autre côté de sa mère).* Je ne savais pas que Monsieur Arthur eut d'aussi proches parents. Il n'en a jamais parlé devant moi.

M. PIVERT. — Voici le fait, Madame. De légères contrariétés furent cause d'une brouille entre nous, il y a deux ans ; mon oncle alors cessa de me voir et peut-être ne s'informa plus de moi.

LA MÈRE. — Mais à présent, du moins.....

M. PIVERT *(Avec un sourire)*. — Oh ! à présent toute difficulté a disparu.

LA MÈRE. — J'en suis fort aise... Et quelles nouvelles de Monsieur votre oncle !

M. Pivert. — Ah ! Madame, celles que j'ai ne sont pas bonnes.....

Héloïse. — Oh ! ciel, serait-il malade ?

M. Pivert. — Si ce n'était que cela.....

La Mère. — Vous me faites trembler, Monsieur, serait-il arrivé un malheur ?

M. Pivert (*Courbant la tête et soupirant*). — Ah ! Madame, il n'est plus...

La Mère. — Quoi ! Monsieur, cet excellent ami serait mort !

M. Pivert. — Hélas ! oui Madame, depuis lundi dernier.

Héloïse (*A part*). — Alors plus de mariage.....

La Mère. — Quelle catastrophe fatale !... Et M. Arthur jouissait encore d'une si belle santé en nous quittant, il y a huit jours.

M. Pivert. — En effet, Madame. Il allait on ne peut mieux, lors de son retour au château de Vezelay, mais les jours suivants il se fatigua tant à régler une quantité de menues affaires pour revenir plus tôt auprès de sa fiancée (*regardant Héloïse*) que sa goutte remonta à l'estomac. Il se mit au lit, où le mal fit des progrès si rapides, que deux jours après il nous laissa plongés dans la plus amère désolation.. (*Il essuye les larmes de ses yeux*).

La Mère. — Pauvre cher ami !... (*A part*) S'il était mort 15 jours après le mariage.....

M. Pivert. — Sa perte, Madame, m'est d'autant plus sensible que, grâce à lui j'allais devenir le neveu d'une tante si jolie et si distinguée (*Regardant Héloïse*).

Héloïse (*Baissant les yeux*). — Oh ! Monsieur, vous me rendez toute confuse.

La Mère. — Vous approuvez donc, Monsieur, le choix qu'avait fait Monsieur votre oncle ?

M. Pivert. — Oui, certes, Madame, et il eut assurément rendu jaloux de son bonheur tous ceux qui l'auraient vu posséder un pareil trésor.

La Mère. — Que de bonté de votre part! Monsieur... Mais, à propos, M. Arthur n'avait pas, je crois, d'autre parent que vous. Son héritage va donc vous revenir tout entier.

M. Pivert. — Il est vrai, Madame, je reste seul à pleurer sa mort et à recueillir sa fortune. (*Il s'essuye les yeux*).

La Mère (*A part*) Si je pouvais le marier à ma fille ! — (*A M. Pivert*) Ces biens, dont vous héritez, Monsieur, ne pouvaient tomber en des mains plus dignes de les recueillir et d'en faire bon usage. Aussi l'on peut présumer que vous n'aurez pas le dessein d'en jouir seul.

M. Pivert. — Ce serait peut-être une injustice de ma part. D'ailleurs, qu'est-ce que la vie pour l'homme si une compagne aimée ne vient pas l'égayer ? (*Il fixe les yeux sur Héloïse*).

Héloïse (*A part*). — Il me regarde... Voudrait-il de moi ?

La Mère. — Si je n'avais à craindre, Monsieur, de faire diversion à votre douleur, j'inviterais ma fille à vous faire entendre quelque pièce jouée sur le piano.

M. Pivert. — C'est moi, Madame, qui croirai honorer la mémoire de feu mon oncle, en appréciant le mérite de la personne à laquelle il se proposait de consacrer ses derniers jours.

Héloïse (*A part, regardant M. Pivert*) Comme il parle bien ! — Je jouerai, s'il vous plait, un morceau célèbre de Rossini, le final de *Roméo et Juliette*. (*Elle s'asseoit sur le tabouret; M. Pivert s'approche du piano et prête à la musique toute son attention... Après avoir joué quelque temps avec précipitation et sans grâce, Héloïse se lève*).

M. Pivert (*Applaudissant*). — Bravo! bravo! C'est fort bien.

La Mère. — Ayez de l'indulgence, Monsieur, elle n'a joué cela que deux fois.

M. Pivert. — Et que demander de mieux?.... C'est une merveille.

La Mère. — Héloïse, fais un peu voir à Monsieur le tableau que tu fis dernièrement.

Héloïse. — O maman, je n'oserais pas. c'est si peu de chose....

La Mère. — Va toujours, va le prendre. (*A M. Pivert*) Ne jugez pas, je vous prie, cette œuvre avec rigueur, ma fille n'a eu que six mois de leçons. (*Héloïse apporte un album garni de quelques pauvres esquisses*).

M. Pivert (*Après les avoir examinées*). — Eh! que de talents réunis! Mademoiselle est faite pour charmer quiconque à l'avantage de la rencontrer.

Héloïse. — C'est me flatter beaucoup, Monsieur. Je suis loin de mériter ces éloges.

La Mère. — Quoique je vous voie, Monsieur, pour la première fois, je vous tiens déjà pour l'ami de la maison. Le souvenir de votre cher oncle est le lien qui nous unit... Je vous prie donc de rester aujourd'hui à dîner avec nous. Comme vous n'êtes que de passage à Nevers, j'espère que vous n'y verrez pas d'inconvénient....

M. Pivert. — Je suis très flatté, Madame, de votre aimable invitation, mais, à mon grand regret, je ne puis accepter cette offre gracieuse.

La Mère. — Voudriez-vous, Monsieur, faire des façons avec nous?

Héloïse. — Permettez-moi, Monsieur, de joindre mes instances à celles de ma mère.

M. Pivert. — Excusez-moi, Mesdames, je dois rejoindre ma femme, à l'*Hôtel de la Loire*.

La Mère. — Vous êtes marié, Monsieur ?

M. Pivert.—Depuis deux ans, Madame, ce fut même pour ce motif que mon oncle ne voulut plus me voir, et chercha enfin à se marier pour mieux me priver de son héritage. Mais la justice du ciel en a disposé autrement ; et je suis à Nevers avec ma femme, pour recouvrer des sommes inportantes qui reviennent à la succession. — (A part) Attrappez celle-là, fines mouches. Vos intrigues cachées et vos fourberies dévotes ont assez longtemps cherché à me souffler cet héritage, auquel moi seul avais droit.

La Mère (D'un air froid). — S'il en est ainsi, il n'y a rien à dire.

M. Pivert (Quittant son siège). — Il est temps, Madame, que je me retire.

La Mère. — Monsieur, je vous salue.

(Héloïse fait une courte révérence, sans regarder M. Pivert).

M. Pivert (En s'en allant).— Mesdames, j'ai l'honneur de vous saluer.

6ᵉ SCÈNE

LES MÊMES.

Héloïse (Se promenant fort agitée). — Faut-il que j'aie du guignon !.. Plus j'y pense, moins je conçois ce qui m'arrive. Celui qui était à la veille de m'épouser est enlevé par la mort avant les noces, et la fatalité qui me poursuit veut que celui qui a paru venir pour le remplacer soit déjà marié... C'est désespérant.

La Mère. — Quant à celui qui part, nous n'avons pensé à lui qu'un moment ; mais le richard, son oncle qui, depuis plus d'un an, nous donnait de si belles espérances...

HÉLOÏSE. — Que diront mes cousines et toutes les demoiselles qui me connaissent à la découverte de cette cruelle aventure !... Comme elles riront de moi !

LA MÈRE. — Et ton portrait qui n'est pas fini.....

HÉLOÏSE. — Oh ! là-dessus, ma mère, ne soyez pas en peine. Il servira pour un autre.

LA MÈRE. — S'il s'en trouve.... . Dans ce siècle d'argent... ou de fer, les épouseurs sont des oiseaux rares.

HÉLOÏSE. — Cherchez encore, cherchez pour moi, ma mère, je vous en conjure.

LA MÈRE. — Compte sur ma sollicitude : Je ferai tout mon possible pour assurer ton bonheur. (*Après un moment de réflexion*) Et je vais de ce pas rendre visite à Mme Briffaut, la femme du dentiste..... Dans le temps, je m'en souviens à présent, elle a parlé devant moi d'un employé des douanes qui est, dit-on, un garçon plein de mérite et de bonne famille..... Comme il était alors question de M. Arthur, je ne tins guère de compte de cette proposition..... Mais aujourd'hui l'affaire change de face et..... .

HÉLOÏSE. — Oh ! oui, ma mère, ne laissez pas échapper l'occasion.

LA MÈRE. — J'y cours à l'instant. (*Elle met châle et chapeau*).

HÉLOÏSE. — Evitez, je vous prie, d'exiger chez un homme trop de qualités et de perfections ; de mon côté, je me garderai d'être difficile à cet égard. Je prendrai celui que vous proposerez, quel qu'il soit, heureuse et satisfaite si un jour je puis enfin être appelée *Madame*. Ce serait le plus beau jour de ma vie.

MADAME POTIN

ou

LA SOIRÉE MUSICALE

PERSONNAGES :

Monsieur POTIN, tapissier.
Madame POTIN, sa femme.
URANIE, leur fille, âgée de 20 ans.
Madame GALOCHE, rentière.
Mr MÉLASSE, épicier.
Mr RAGOTIN, cordonnier.
Mr ANDOUILLE, charcutier.
Madame ANDOUILLE, sa femme.
Mr GOBETOUT, pâtissier.
Mr CAFARDINI, fumiste.
Mr CLODOMIR, clerc d'avoué.
Mr PICHENETTE, huissier.
JEANNETTE, servante du logis.

L'action se passe à Versailles, près du couvent des Augustines, chez M. Potin, le jour de sa fête, à la Saint Pierre.

(A 9 heures du soir, ces invités, réunis dans un salon de modeste apparence, forment divers groupes, dispersés çà et là. Les uns sont assis sur un canapé, les autres autour de deux petites tables, placées à droite et à gauche. Ils se livrent à des conversations sur la pluie et le beau temps ; les femmes, faisant bande à part, causent de modes et de cuisine).

Mme POTIN (*Se rapprochant de son mari, qui regarde par la croisée, lui dit à voix basse*).—Notre monde n'a pas l'air de s'amuser beaucoup. J'ai déjà surpris plusieurs baillements, que ces Messieurs ont dissimulés par politesse... J'ai peur qu'ils ne se lassent.

d'attendre la soirée musicale qui leur est annoncée...
Si Mlle La Touche, notre pianiste, allait nous faire
faux bond, nous serions bien plantés !...

M. POTIN (*A voix basse*). — Elle l'avait pourtant
bien promis.

Mme POTIN (*A voix basse*). — Oui, formellement...
Mais, si elle s'avise d'y manquer, elle ne le portera
pas en paradis : dès demain, elle cessera de donner
des leçons à Uranie... Elle apprendra, cette petite
mijaurée, à respecter les gens comme il faut et qui
ont de quoi !

M. POTIN (*A voix basse*). — Peut-être a-t-elle des
raisons qui justifient.

Mme POTIN (*Tout bas*). — Ah ! oui, des excuses ?
qu'elle les garde pour elle, je n'en veux point.

M. PICHENETTE (*Sur le canapé, à son voisin*). —
Quand donc la musique commencera-t-elle ?

M. ANDOUILLE. — Ma foi, Monsieur, je n'en sais rien.

M. CLODOMIR. — D'ailleurs, sans accompagnateur
l'exécution risque fort d'aller cahin-caha.

M. PICHENETTE. — Je ne me suis jamais trouvé à
pareille fête.

M. CLODOMIR. — Ni moi non plus.

M. POTIN (*Bas à sa femme*). — Comment nous tirer
de là ?... si tu faisais circuler des gâteaux ?...

Mme POTIN (*Bas à son mari*). — C'est de trop bonne
heure, et....

M. POTIN (*Interrompant*). — Ça leur fermerait la
bouche, au moins.

Mme POTIN. — Jeannette !

JEANNETTE (*Accourant de la pièce voisine*). — Plait-
il, Madame.

Mme POTIN. — Servez les gâteaux à la société.

(*Jeanne va quérir un large plateau chargé de pâtisseries et revient les présenter aux invités*).

M. Mélasse (*A son voisin*). — Monsieur connaît-il le programme des pièces dont nous allons être gratifiés ?

M. Ragotin. — Je n'en ai pas entendu souffler un mot.

M. Mélasse. — Moi de même ; on espère que le choix en sera réjouissant.

Mme Andouille. — Savez-vous, Messieurs, si M. Potin se fera entendre sur la guitare ?

M. Mélasse. — Je présume que non, Madame.

M. Ragotin. — Ce serait dommage… Et pourquoi n'en pincerait-il pas ?

M. Mélasse. — On ne trouve plus cet instrument assez bruyant.

M. Gobetout. — C'était pourtant fort joli.

Mme Andouille. — Rien ne se mariait mieux avec la voix… J'ai connu jadis un espagnol…

M. Clodomir (*Vivement*). — Et moi j'en ai connu plusieurs…

Mme Andouille (*Vivement*). — Le mien, c'est-à-dire celui que j'eus le bonheur d'entendre, vous aurait joué toute espèce d'opéra sur sa guitare… C'était à vous arracher des larmes.

M. Gobetout. — Je n'en doute pas, Madame.

(*Jeannette circule de nouveau avec des gâteaux*).

M. Ragotin (*En prenant deux, dit en riant*). — C'est surtout sous cette forme que j'aime la musique. (*On rit*).

Mme Galoche (*A Mme Potin*). — Si vous permettiez, Madame, que Mlle Uranie commençat, cela ferait peut-être arriver plus tôt sa maîtresse…

Mme Potin. — Qu'Uranie joue sans sa maîtresse ! Ah ! bien oui ! C'est une fille qui, seule, n'irait pas au bout de la rue la plus courte… Jugez si elle oserait faire entendre une note de piano ou chanter un air devant tant de monde.

M. CAFARDINI. — Une personne de talent comme Mademoiselle, *elle peut commencer*... Elle sera applaudie.

Mme POTIN. — Je n'en doute pas, mais elle est peureuse comme un papillon.

(Uranie, pour se dérober aux instances du cercle, s'esquive dans la pièce voisine).

(Après un moment de silence général).

M. PICHENETTE. — Eh bien ! Mesdames et Messieurs, que ferons-nous ?

M. CLODOMIR. — Si l'on en priait M. Cafardini, je pense qu'il voudrait bien nous jouer quelque chose sur le violoncelle, en attendant Mlle Latouche.

M. PICHENETTE. — Je ne vois guère que M. Mélasse qui puisse y réussir.

M. MÉLASSE. — Il me semble avoir entendu prononcer mon nom.

Mme ANDOUILLE. — C'était pour vous inviter à nous sortir d'embarras.

M. MÉLASSE. — Parlez, Madame, en quoi puis-je vous être agréable ?

Mme ANDOUILLE. — Si vous vouliez bien prier M. Cafardini de nous jouer l'air qu'il lui plaira.

M. MÉLASSE. — Vous croyez donc, Madame, ma voix plus persuasive que la vôtre.

Mme ANDOUILLE. — Je suppose, Monsieur, qu'elle le sera certainement.

M. CLODOMIR. — Le succès d'une mission confiée à M. Mélasse n'est pas douteux.

M. MÉLASSE. — Pour vous complaire, je vais en courir la chance. *(Puis s'adressant à M. Cafardini qui causait tout bas avec un de ses voisins, après lui avoir fait un salut cérémonieux, il lui dit)* : Je suis, Monsieur, délégué par ces dames à l'effet de vous prier de nous favoriser d'un échantillon de votre talent.

M. CAFARDINI. — Je serai assurément heureux de répondre à leur désir, mais je regrette d'avoir à vous dire que c'est impossible.

M. MÉLASSE. — Impossible !... Que dites-vous là ? Et pour quel motif ?

M. CAFARDINI. — Je le crois sans réplique, je n'ai personne pour m'accompagner.

M. MÉLASSE — Et si vous essayez de voler de vos propres ailes ?

M. CAFARDINI. — Je jouerai volontiers, si Mlle Uranie a la bonté de m'accompagner.

Mme POTIN (Se levant). — Uranie !... Où es-tu ?... Uranie !...

(Uranie revient de la pièce d'à côté et se présente d'un air confus et embarrassé).

URANIE. — Que désirez-vous, maman ?

Mme POTIN. — Voyons, ma fille, veux-tu accompagner M. Cafardini, qui, par complaisance, va jouer de son gros violon ?

URANIE (Bas, à sa mère). — Tu sais que je ne sais pas déchiffrer la musique devant le monde.

Mme POTIN (Tout bas à sa fille). — Parce que tu ne veux pas.

URANIE (Tout bas). — Parce que je ne puis pas, au contraire.

Mme POTIN. — Soit, il n'en sera plus question... Mais, ne va pas pleurer ; ça n'en vaut pas la peine... Un petit baiser à ta mère. (Uranie s'approche timidement et l'embrasse).

M. POTIN (Bas à sa femme). — Comment ! Uranie, ne veut pas accompagner !

Mme POTIN (Bas à son mari). — Bah, j'aime autant qu'elle n'accompagne pas... Ils sont charmants avec leur musique ! Si l'on n'y mettait bon ordre, ils la prendraient vraiment pour leur domestique.

M. Potin (*Bas à Madame*). — N'en parlons plus... Si l'on entendait...

Mme Potin (*Bas à Monsieur*). — J'en parlerai, s'il me plaît, entends-tu ? J'en ai cent pieds par-dessus la tête de ta musique et de tes musiciens...

M. Potin (*Bas à Madame*). — Tu t'y entends à donner des soirées comme...

Mme Potin (*Bas et vivement à Monsieur*). — Comme quoi ?

M. Potin (*Bas à Madame*). — Comme un chat à prendre des souris avec des mitaines... (*Il fait une pirouette et s'en va à l'autre bout du salon*).

M. Pichenette. — Mesdames et Messieurs, je demande la faculté de faire une proposition à la société.

Tout le monde. — Oui, oui, Monsieur, parlez.

M. Pichenette. — Puisqu'il est reconnu que la musique d'opéra ne peut commencer, je demande que, pour charmer les loisirs de ces dames, M. Cafardini veuille bien nous faire danser.

M. Cafardini. — Avec un violoncelle !... Y pensez-vous, Monsieur ?

M. Pichenette. — C'est sûr que j'y pense, car, selon moi, tous les genres sont bons, hors le genre ennuyeux.

M. Cafardini. — Alors, qu'un autre s'en charge, je me dispenserai bien de ce ridicule.

(*Après un nouveau silence général*)

M. Andouille. — Maintenant, quel parti faut-il prendre ?

M. Clodomir. — Jouons aux jeux innocents.

La majorité. — Adopté !

Mme Andouille. — Quant à moi, je ne m'y connais pas.

Mme GALOCHE. — Oh ! vous serez tout de suite au courant, et ces jeux vous plairont, Madame ; on s'y embrasse.

M. CLODOMIR. — Voyons, Messieurs, en place ! en place !... on va jouer aux propos interrompus.

M. POTIN. — Qui recueillera les voix ?

Mme POTIN. - M. Mélasse me fera le plaisir, j'espère, de s'en charger.

M. MÉLASSE. — J'y consentirais volontiers, Madame, si je ne sentais mon insuffisance.

M. POTIN. -- Ah ! M. Mélasse, feriez-vous ici des cérémonies !

M. MÉLASSE. — C'est que, voyez-vous, j'ai peur que...

M. RAGOTIN. — Eh bien ! mettons-nous en rond.

M. ANDOUILLE. — Mais les instruments de musique vont nous gêner... Où les mettre ?

M. CLODOMIR.— A la porte !... Ils ne s'enrhumeront pas. (*Rires*).

Mme GALOCHE. — S'ils étaient mis dans l'embrasure de la fenêtre...

M. PICHENETTE. — Va pour l'embrasure... Et à l'œuvre, vivement.

(Tous les Messieurs s'y prétant de bonne grâce, l'affaire est bientôt terminée).

M. RAGOTIN. — A présent commençons.

M. ANDOUILLE. — Attendez que tout le monde soit assis.

TOUT LE MONDE. — C'est fait.

Mme POTIN (*Avec émotion*). — Jeannette !... Jeannette !

JEANNETTE (*Paraissant à la porte*). — Plait-il, Madame.

Mme POTIN. — Si vous faisiez circuler les rafraichis-sements, ces messieurs et ces dames prendraient volontiers quelque chose.

M. Gobetout. — Ça n'est pas de refus, Madame.

(Jeannette sort, et après une courte absence revient avec le plateau rempli de verres de liqueurs pour les dames, de bière ou de punch pour les messieurs. Chacun choisit à son goût : puis, il remet le verre sur le plateau).

M. Clodomir. — Nous voici tous à notre poste, seul, Monsieur Mélasse doit rester debout.

M. Mélasse. — Pourquoi, s'il vous plaît ?

M. Clodomir. — Eh ! parbleu ! C'est pour faire le tour du cercle et recueillir les mots de chacun.

Mᵐᵉ Potin *(Bas à son mari).* — Moi, je m'en vas.

M. Potin *(Bas à Madame).* — Quelle idée ! où veux-tu donc aller ?

Mᵐᵉ Potin *(Bas à Monsieur).* — Pendant que l'on jouera, je vas chercher Mˡˡᵉ Latouche.

M. Potin *(Bas).* — Mais, ma bonne, tes pas seront perdus...

Mᵐᵉ Potin *(Bas).* — Laisse-moi faire... J'en tirerai pied ou aile. *(Elle sort).*

(Les joueurs assis en rond se parlent à l'oreille. M. Mélasse, debout au centre du cercle, attend et recueille de chacun le mot qui lui est dit à l'oreille).

Mᵐᵉ Galoche. — Tâchez, M. Mélasse, de pas oublier ce qu'on vous dira.

M. Mélasse. — J'aurai du moins l'honneur de l'avoir entrepris. J'obéis aux vœux de l'aimable société. *(Il fait le tour du cercle et prend à mesure les mots qu'on lui dit ; puis, souriant et se parlant à lui-même)* : Oh ! charmant, fort original !

M. Ragotin. — Gardez-vous de rien dire ; il n'est pas encore temps.

M. Mélasse. — Je regrette que les lois de ce jeu m'empêchent de révéler instantanément... Je vois à présent que le hasard a quelquefois plus d'esprit que des gens fameux dans le monde. (*Après avoir recueilli cinq ou six propos interrompus, il se gratte la tempe et s'écrie*) : C'est, en vérité, fort piquant !... Mais, pardon, je crains que la mémoire me manque au moment solennel... (*Il tire de sa poche un porte-feuille où il s'apprête à noter les propos...*)

M. CLODOMIR.— Eh bien ! qu'allez-vous faire ?... Ça n'est pas du jeu ; ce serait une tricherie.

M^mo GALOCHE. — Sans cette réserve, où serait le mérite ? on embrasserait peut-être tout le monde, sans l'avoir mérité.

M. CLODOMIR (*A part*). — En voilà de la musique ! S'aviser de déranger des artistes pour cela ! Où ont-ils l'esprit ?...

M. PICHENETTE (*A part*). — Eh ! eh ! ce concert original est amusant.

M. MÉLASSE. — Messieurs et Mesdames, je déclare que, sans prendre des notes, il ne m'est pas possible d'aller plus loin.

M. RAGOTIN. — Eh bien ! alors proclamez seulement les mots qu'on vous a dits. Et pour pénitence du reste....

M. CLODOMIR. — Vous allez embrasser... M. Go-betout.

M. GOBETOUT. — M. Clodomir, dispensez-vous de me mettre dans vos plaisanteries : je n'y tiens pas.

Mme GALOCHE. — Ce bon jeune homme ne pense pas, certes, à vous choquer.

M. GOBETOUT. — C'est bon, Madame ; je sais ce que parler veut dire.

M. POTIN. — Voyons les propos ! les propos ! — Commencez, je vous prie, M. Mélasse.

M. MÉLASSE. — D'abord, quelqu'un a placé la *modestie.*

M. RAGOTIN. — Où, Monsieur, où ?

M. Mélasse. — Dans un *ténor*.

M. Cafardini. — Eh ! voilà la vérité qui sort de la bouche du hasard. (*On rit*).

M. Mélasse. — Puis, on a placé l'église de la Madeleine.

Mme Galoche. — Où, Monsieur ?

M. Mélasse. — Dans une guitare.

Mme Galoche. — Un gage, Monsieur, s'il vous plait.

M. Mélasse. — Eh ! pourquoi, belle dame ?

Mme Galoche. — On vous dit... dans un flageolet.

M. Mélasse. — C'est vrai, c'est oubli de ma part. Voici, pour gage, l'étui de mes lunettes.

M. Potin. — Faites passer le gage, je vous prie.

M. Mélasse. — Puis, on a placé le pianiste Chopin...

Mme Andouille — Où, Monsieur ?

M. Mélasse. — Où ?... Attendez... Ah ! je me souviens... Sur l'arc de triomphe de la barrière de l'Etoile.

M. Clodomir. — Il sera bien là, pour faire de la musique aux petits oiseaux. (*On rit*).

M. Mélasse. — Enfin, on a placé une clarinette... dans une mare.

M. Clodomir. — *Les canards l'ont bien passée !*

M. Mélasse. — Le mot est joli, oui très joli !

Mme Potin (*Revenant du dehors, essoufflée, dit tout bas à son mari*). — Si ce n'est pas à dégoûter de la vie !

M. Potin (*Bas à Madame*). — Quoi ?... qu'as-tu donc, chère amie ?

Mme Potin (*Bas à Monsieur*). — Je reviens de chez notre fameuse pianiste...

M. Potin (*Bas à Madame*). — Et elle était absente, je parie.

M. Potin (*Bas à Madame*). — Et l'on ne sait où elle perche.

M. Potin (*Bas à Madame*). — ...Si pourtant elle était en route pour venir...

Mme Potin (*Bas à Monsieur*). — *Va-t-en voir s'ils viennent, Jean*... Mais, qu'elle soit où elle voudra, je m'en moque... Oh! je ne me tiens pas pour battue !... Et la preuve c'est que j'en apporte une autre de musique qui ne nous fera pas comme ça croquer le marmot... Entrez, la musique, entrez que l'on vous voie. (*Ces derniers mots s'adressent aux gens qu'elle amène*).

(*Entrée d'un joueur d'orgue, muni de son instrument, et suivi d'un homme qui montre la lanterne magique*).

L'homme a la lanterne (*Saluant*). — Bonsoir à toute la compagnie.

M. Pichenette.— L'agréable surprise ! En voilà une idée heureuse ! un changement de scène mirobolant.

M. Ragotin. — *Eteignons les lumières.*

M. Clodomir. — *Et rallumons les feux ! (On rit).*

(*M. Cafardini se met à éteindre les bougies*).

M. Andouille. — Hé ! n'allez donc pas si vite, M. Cafardini. Quel éteigneur vous faites, saperlotte !

Mme Galoche. — Ne faut-il pas une nappe pour la lanterne magique ?

L'artiste qui la montre : Oui une nappe ou un drap de lit.

Mme Potin. — Pardon, M. Pichenette ; laissez que je passe pour aveindre un drap de l'armoire derrière vous. (*En ouvrant l'armoire, elle renverse le violoncelle*).

M. Ragotin.— J'ai entendu tomber quelque chose... serait-ce Mme Potin ?

M. Gobetout. — *Puissante* comme elle est !

Mme Potin. — Que l'on se rassure ; Dieu merci, ce n'est rien.

M. Cafardini. — C'est à dire que mon instrument est perdu...

M. Potin. — Vous faites erreur, Monsieur ; il n'est

que fendu. Cet accident est facile à répaver avec un peu de colle.

M. Cafardini. — Je ne m'en consolerai jamais

M. Potin. — Vous iriez vous affliger de si peu de chose !

M. Cafardini. — Comment, peu de chose! Un *Charivarius !*

Mme Potin. — Eh bien! venez demain matin, et mon mari vous l'arrangera.... Tenez, Monsieur de la lanterne ; prenez-moi ce drap et mettez-le en place.

Clodomir. — Messieurs et Dames, prenez vos billets.

(On va procéder à l'exhibition de la lanterne magique. Les dames se placent, sur le devant. L'orgue exécute l'ouverture de « La Dame Blanche »).

Uranie. — Quelle belle musique !... Ne trouvez-vous pas, Mesdames ?

Mme Andouille. — Oh ! oui, le morceau est charmant.

Mme Galoche. — La duchesse de Berry en raffolait.

Mme Potin. — Eh quoi ! Qu'avez-vous, M. Cafardini ? vous partez !

M. Cafardini. — Oui, Madame, je vais prendre l'air.

Mme Potin. — J'en suis bien fâchée, d'autant plus que la cause de votre peine est bien légère ; ça vaut mieux qu'une jambe cassée.

M. Potin. — Ecoutez, Monsieur, si votre instrument ne peut se raccomoder, je suis bon pour le payer. Ainsi ne nous quittez pas (*M. Cafardini se rassied*).

M. Ragotin. — Où est donc M. Gobetout ?

M. Clodomir. — M. Gobetout, une dame vous réclame.

M. Gobetout. — Si M. Clodomir se remet à ses bêtises, nous ne risquons rien....

L'homme a la lanterne. — Messieurs et Mesdames, vous allez jouir d'un spectacle curieux, des plus intéressants.

Mme GALOCHE. — Faites donc attention, M. Andouille; vous vous étendez sur moi.

M. ANDOUILLE. — Excusez, Madame, je n'y pensais pas.

M. RAGOTIN. — De fait, on ne voit pas plus ici que dans un four.

M. MÉLASSE. — Oh ! la lanterne, Messieurs, est une belle gloire du pays... L'avenir de la lanterne sera immense.

L'HOMME A LA LANTERNE. — Ceci, Monsieur, vous représente un ancien pair de France.

M. RAGOTIN. — Oh ! pas de politique, à bas la politique !

M. CLODOMIR. — Elle pervertit le cœur de ceux qui s'en mêlent. Autant dire que c'est un péché d'en faire puisque c'est défendu.

URANIE (A sa voisine). — Qu'est-ce qu'il veut dire, M. Clodomir ?

Mme ANDOUILLE. — Je ne sais pas ; je n'entends rien à la politique.

L'HOMME A LA LANTERNE. — Ceci vous représente le soleil, la lune, les étoiles et les quatre vents.

M. GOBETOUT. — C'est pourtant vrai ; je les reconnais bien, moi.

L'HOMME A LA LANTERNE. — Celui-ci est le terrible Barbe-bleue se disputant avec le barbier...

M. CLODOMIR. — De Séville ?

L'HOMME CI-DESSUS. — ... Que Barbe-bleue, il ne voulait pas lui payer ses barbes, de sorte que le barbier s'enfuit. Mais Barbe-bleue il le retient par la basque de son habit. L'autre alors se démène tant que la basque reste aux doigts de Barbe-bleue, et qu'il se sauve, le barbier.

M. CLODOMIR. — De Séville ? hein !

M. RAGOTIN. — Mon Dieu ! que ça est ennuyeux, M. Clodomir.

M. Clodomir. — Bien obligé du compliment, gentil Ragotin.

L'homme a la lanterne. — Pour lors, le barbier en courant crie à Barbe-bleue qui le poursuit : « Vilain avare, je te couperai le cou la première fois que je te raserai. »

M. Pichenette. — Voilà ce que l'on peut appeler un spectacle plein d'intérêt ; cette histoire vous remue les entrailles.....

L'homme a la lanterne. — Voici la *Belle au bois dormant*, dans son grand lit couvert d'une couverture en satin jaune. Elle y a doucement dormi pendant cent ans, au son d'une musique fantastique, composée par un farfadet, enfant d'Olibrius.....

(*La musique joue* : « *J'ai du bon tabac...* »).

M. Clodomir (*Arrêtant la manivelle*). — Je demande que la Société profite de l'occasion pour danser un galop général.

Les dames. — Adopté ! adopté ! vite au galop ! Merci à la galanterie de M. Clodomir.

(*Des bougies sont allumées ; l'appareil de la lanterne est enlevé ; le galop s'exécute avec un entrain extraordinaire*).

Mme Potin (*A Jeannette qui, du seuil de la porte avait regardé l'exécution du galop avec des yeux émerveillés*). — Jeannette, servez le punch et n'oubliez pas les pâtisseries.

(*Jeannette s'empresse de servir le monde*).

On mange, on boit, on rit, on danse et l'on s'en va.

Ainsi finit le bal *de bon goût* donné par Mme Potin à ses invités... En se retirant, ils se disaient qu'Uranie aurait dû y faire preuve de plus de talent et de plus de grâce. Son éducation, mieux dirigée, eut été moins défectueuse.

ANGÈLE

PERSONNAGES :

Monsieur GUILLAUME POIRIER, rentier, tuteur d'
ANGÈLE, sa nièce.
FRÉDÉRIC, frère d'Angèle.
LUCIEN, jeune rentier.
GERTRUDE, servante de M. Poirier.

Le fait a lieu à Savenay (Bretagne) en 1832. La scène se passe
chez M. Poirier, dans un salon de bourgeois convenablement
meublé : on y voit deux portes latérales et une autre plus
grande dans le fond, en face du théâtre.

1ʳᵉ SCÈNE

ANGÈLE, FRÉDÉRIC.

FRÉDÉRIC. — Que tu es bonne ! ma chère sœur.
Comme je me sents heureux dans les courts moments
que je puis passer auprès de toi !. . Au milieu des
agitations, des dangers, des peines qui consument ma
vie, toi seule me soutiens ; tu sais ranimer mon courage et tes paroles consolantes réveillent en moi l'espérance d'un meilleur avenir.

ANGÈLE. — Je serais si contente, mon ami, de dissiper les idées sombres dont ton esprit est troublé, que
je voudrais te faire partager le pressentiment qui me
préoccupe ; c'est que le jour approche où le bonheur
nous sera rendu. Tâche donc, mon frère, de chasser
ces idées importunes et ne te laisse plus tourmenter
par de vaines craintes.

FRÉDÉRIC. — Des craintes !... Sois assurée qu'après
avoir vu souvent la mort en face de moi, je ne puis

plus en avoir. Ce n'est donc point la peur qui m'a fait chercher ici un asile sous un nom d'emprunt, de sorte que je n'y suis Frédéric que pour toi.

ANGÈLE. — Je n'ai pas oublié que dès le moment de ton arrivée, tu m'as déclaré nettement que tu renonçais à participer à la guerre civile, pour cesser de combattre en faveur d'une mauvaise cause que le pays désavoue.

FRÉDÉRIC. — Grâce à Dieu, mes illusions sont enfin dissipées et je serais bien fâché de servir un parti qui n'a rien de national ; je le sais à présent.....

ANGÈLE. — Quel a été le motif qui t'a fait changer d'opinion ?

FRÉDÉRIC. — Lorsque, entraîné par la fougue d'un sentiment chevaleresque, j'allai répondre à l'appel du parti royaliste qui se levait en Vendée, contre le gouvernement du pays, je crus embrasser la défense du devoir et de la loyauté. Mais, comme je fus vite détrompé ! et combien je regrettai ma conduite imprudente ! Bientôt les excès ou plutôt les horreurs de la guerre civile, me firent voir qu'au milieu des pillages, des incendies, des massacres, je risquais à tout moment ma vie, sans autre but que de fournir à de vaniteux et cupides intrigants les moyens d'acquérir de la renommée et de la fortune, aux dépens de leurs concitoyens abusés. Dès lors, pour conserver mon honneur sans tâche, je résolus de reprendre ma liberté, et c'est ainsi que je suis venu te rejoindre. Mais, comme on pouvait ici avoir contre moi bien des préventions, je n'ai voulu faire qu'à toi seule l'aveu de mes sentiments intimes. Notre oncle même, à cause de son libéralisme exalté, ne m'aurait-il pas repoussé peut-être, sans même avoir voulu m'entendre ? Enfin, j'avais à me défier des espions secrets qu'entretiennent partout dans cette contrée les royalistes irrités de ma désertion. Tout cela explique les précautions que j'ai prises.

Angèle. — Tu as bien fait d'agir avec réserve. Il fallait échapper à la malveillance des mouchards, si empressés à dénoncer. Quant à notre oncle, il était à propos de ménager aussi son humeur un peu ombrageuse... Si, malgré son bon cœur, il t'avait refusé sa protection, que serions-nous devenus? A présent je suis persuadée que l'oubli, le pardon du passé, va rendre facile la réconciliation de la famille.

Frédéric. — Fasse le ciel que ton cœur ne te trompe pas ! Pour moi, je frémis de penser que ma présence ici risque de tout compromettre. Je ne me le pardonnerais jamais.

Angèle. — Eh bien ! pour finir de te tranquilliser, écoute. On dit, et c'est un bruit accrédité, que le gouvernement va publier au premier jour un décret d'amnistie pour causes politiques. Tu n'auras plus alors de sujet d'alarmes. Du côté de notre oncle j'ai lieu de croire que mon prochain mariage avec un jeune homme de famille honorable, nommé Lucien, arrangera tout fort bien. Connais-tu ce jeune homme ?

Frédéric. — Non, ma sœur, mais si tu l'aimes, cela suffit pour que je le juge digne de ton choix... Qu'il contribue à te rendre heureuse, et je serai satisfait.

Angèle. — Tout annonce qu'il sera un bon mari, aussi je me repose sur ses nobles sentiments et sur la constance de son amour. Aujourd'hui même, il doit venir régler avec mon oncle les conditions essentielles du mariage.

Frédéric. — Il convient alors que nous nous séparions, afin d'éviter d'être surpris en conversation ensemble.

Angèle. — Si tu le crois à propos, retire-toi... Je

saurai bien trouver le moyen de te faire savoir les conventions arrêtées entre nous.

FRÉDÉRIC. — Au revoir, ma sœur.

ANGÈLE. — A bientôt, mon ami.

FRÉDÉRIC. — Ne me permettras-tu pas une embrassade affectueuse, comme preuve de ma reconnaissance ?

ANGÈLE. — Si cela te fait plaisir...

(Il s'approche d'elle, l'embrasse... et sort).

2ᵉ SCÈNE

ANGÈLE et GERTRUDE.

GERTRUDE (*En ouvrant la porte, a vu le mouvement de Frédéric... A mesure qu'elle avance sur la scène, elle dit, à part*) Ho ! ho ! en voilà un qui s'explique assez clairement... (*Puis, feignant la surprise, elle ajoute*).— Eh ! Mademoiselle, je ne m'attendais pas à vous trouver ici.. Allez, je vous ai bien cherchée. Etonnée de ne pas vous voir dans votre cabinet de toilette, où je croyais que vous étiez, j'ai visité toutes les pièces de la maison, et je ne savais plus où vous prendre... Comme d'un moment à l'autre votre prétendu peut survenir, je pensais que...

ANGÈLE (*Interrompant*). — Tu as raison ; un peu de toilette est à propos... Entrons dans mon cabinet ; je vais m'en occuper.

GERTRUDE. — Un instant, Mademoiselle, je vous prie. J'ai là quelque chose à vous remettre.

ANGÈLE. — Eh bien ! voyons ce que c'est.

GERTRUDE. — Une petite lettre de M. Paul de Pornic... Ah ! C'est un bien brave jeune homme... si vous aviez vu comme il était triste en me la donnant... Et il m'a recommandé de vous la faire tenir le plus tôt possible.

ANGÈLE. — Ne te charge plus à l'avenir de pareilles commissions. M. Paul a certes du mérite. Mais, à présent, toute correspondance avec lui devient impossible ; je n'accepte pas sa lettre. La manière dont je répondis à la dernière qu'il m'envoya, aurait dû lui faire sentir l'inutilité de sa poursuite. Pour ta gouverne, j'ajoute que ma complaisance m'ayant déjà causé beaucoup d'ennuis, je ne veux plus m'y exposer.

GERTRUDE. — Quel inconvénient y a-t-il à soutenir une correspondance qui ne fait de tort à personne ? Auriez-vous peur d'être en relation avec un homme poli, modeste, honnête comme M. Paul ?. . Ce serait pousser le scrupule bien loin.

ANGÈLE. — Pour avoir eu la faiblesse de céder à tes instances, j'ai eu trop à m'en repentir, je n'y reviendrai plus.

GERTRUDE. — Vous ne voyiez pas les choses du même œil qu'à présent, lorsque vous vous informiez avec tant d'intérêt de sa situation. Que va-t-il dire en voyant le peu de cas que vous faites de sa personne et de sa tendresse ?

ANGÈLE. — Ecoute, Gertrude, je n'ai envie ni de me fâcher, ni de faire des reproches. Il doit me suffire de te rappeler que M. Paul n'existe plus pour moi dans le monde. Entends-tu ? Je suis fort étonnée même que tu t'avises de me proposer une conduite si contraire à mon honneur et au repos de celui que je suis sur le point d'épouser.

GERTRUDE. — Il sera satisfait, je suppose, des vertus dont vous faites parade. Pour avoir en vous une confiance parfaite, il ne lui manquera que d'avoir été témoin des preuves d'amour que vous donniez tout à l'heure à ce jeune étranger, reçu ici par charité !

ANGÈLE. — Insolente ! sortez d'ici ; allez chercher

ailleurs une place où vous puissiez exercer une humeur tracassière et arrogante qu'il devient impossible de supporter.

GERTRUDE. — Prenez garde, Mademoiselle ! (*Angèle sort*).

3e SCÈNE

GERTRUDE. — Fille orgueilleuse, ingrate et légère, voilà donc la récompense de mes services ! Tu me chasses pour n'avoir pas consenti à favoriser tes caprices ! Tu t'imagines donc que la nécessité où je suis de gagner mon pain par mon travail fera de moi ton esclave ?... Eh bien ! je saurai me venger, et je te prouverai que l'on ne me blesse pas sans qu'il en coûte. Va, compte que les effets de ma colère ne se feront pas attendre.

4e SCÈNE

M. POIRIER, LUCIEN, GERTRUDE.

M. POIRIER. — Eh bien, Gertrude, Angèle n'était-elle pas ici tantôt ? D'où vient qu'elle ne s'y trouve plus ?

GERTRUDE. — Elle y était effectivement, Monsieur. Mais tout d'un coup elle a couru se renfermer dans la pièce d'à côté... J'étais venue lui offrir mes services pour aider à sa toilette, si elle en avait besoin. Elle a répondu par un refus... D'ailleurs, elle ne semble point du tout disposée à recevoir des visites...

M. POIRIER. — Lui sèrait-il arrivé quelque accident ?

GERTRUDE. — Je n'en sais rien. Le fait est que je l'ai vue, les traits altérés, et puis livrée à une sorte de mélancolie rêveuse.

LUCIEN. — Quelle cause singulière peut avoir interrompu sa gaîté habituelle ?

M. Poirier. — Eh ! Monsieur, quand une femme est sur le point de passer de l'état de fille à celui d'épouse, il arrive d'ordinaire que son imagination est assaillie d'une foule d'idées qui l'impressionnent à un point extraordinaire : cet état lui cause alors une vraie souffrance, mais de courte durée.

Lucien. — Ne serait-il pas à propos d'aller la voir ?

M. Poirier. — Non, attendez, je vous prie, un moment, je vais voir ce qui l'a empêchée de venir, et je la ramènerai avec moi.

5e SCÈNE

LUCIEN, GERTRUDE.

Lucien. — Je crains de n'avoir pas bien compris ce que tu as dit tantôt, Gertrude. Peut-être tes paroles avaient-elles un sens différent de ce qu'elles semblaient signifier. D'autre part, je m'étonne de voir ici une sorte d'indifférence de la part d'Angèle.

Gertrude. — Que cela ne vous surprenne point, Monsieur ; c'est l'effet de l'humeur changeante d'une jeune fille élevée en enfant gâtée... Voyez ce qui m'arrive à moi-même : après avoir longtemps fait ici mon service le mieux possible, me voilà subitement mise à la porte... Et tout cela pourquoi ?... pour... mais il vaut mieux ne rien dire.

Lucien. — Non, parle, au contraire. J'ai besoin de savoir le sujet de ta peine... Mais essuye d'abord tes larmes... Et n'oublie pas de me faire connaître la cause de l'indifférence qu'Angèle paraît me montrer aujourd'hui.

Gertrude. — Vous allez, Monsieur, la voir bientôt, je suppose. Elle vous donnera sans doute les explications demandées.

Lucien.— Non, j'ai besoin de t'entendre ; le bonheur de ma vie dépend peut-être de ce que tu as à me dire.

Gertrude.— Enfin, Monsieur, puisque vous l'exigez, j'ajoute à ce que j'ai dit seulement ces mots : Ne vous mariez pas.

Lucien. — Et pourquoi ?

Gertrude. — Cette personne ne vous rendrait pas heureux.

Lucien. — Mais, encore un coup, je veux en savoir la raison.

Gertrude.— Elle n'est pas digne de vous, Monsieur, parceque, en feignant de vous aimer, elle vous trompe. Vous êtes venu trop tard... Vous n'êtes pas celui qu'elle préfère.

Lucien. — Quel est-il ? en sais-tu le nom ?

Gertrude. — Frédéric.

Lucien. — Quoi ! Lui ! cet étranger, qui est ici par charité ?

Gertrude. — Oui, Monsieur, lui !

Lucien. — Ah ! que j'étais loin de m'attendre à cette trahison. Mais, je saurai remédier au mal, et je ne serai pas le jouet des caprices d'une femme perfide.. Cette affaire est très grave, Gertrude. Il ne s'agit pas ici de propos lancés à la légère. Il ne faudrait pas t'amuser à me tromper... es-tu bien sûre de ce que tu viens de dire ?

Gertrude. — Si je ne l'étais pas, oserais-je avancer rien de pareil ? Je répète que je *l'ai vue* plusieurs fois causer avec cet inconnu, chercher les occasions de l'entretenir en secret, recevoir volontiers ses galanteries, et enfin, du seuil de cette porte, je les ai vus aujourd'hui s'embrasser ici-même.

Lucien. — Elle que je prenais pour un modèle de vertu, à quelle conduite elle se livre !... Grand Dieu !... Mais où est-il l'insolent, le misérable qui me ravit le cœur d'Angèle ? où pourrai-je le saisir et me venger ?

GERTRUDE. — Oh ! Monsieur, je vous en supplie, tâchez de vous calmer un peu.

LUCIEN. — Si je le tenais, je lui arracherais le cœur.

GERTRUDE. — Pourquoi lui en vouloir à ce point, s'il n'est coupable que d'une faute presque involontaire ? Dans sa position difficile, pauvre, sans ressource, il n'aurait peut-être jamais osé lever les yeux sur une jeune personne d'une condition bien supérieure à la sienne, s'il n'y avait pas été encouragé. Il lui aura été fait quelques avances, et les accords ont suivi.

LUCIEN. — Ah ! je ne le vois que trop !

GERTRUDE. — Mais ne croyez pas, Monsieur, que Mademoiselle n'ait pas pris d'autre passe-temps. Je lui ai connu de près une intrigue avec un autre petit galant, dont je vous ferais lire certaine lettre, si j'en avais le loisir... Le temps manque ; on vient ; je me retire... et je quitte la maison... Ainsi nous nous verrons ailleurs... (*Elle salue et va vers la porte*).

LUCIEN (*La voyant sur le point de sortir*).—Gertrude, attendez, attendez-moi : j'ai encore bien des choses à vérifier..... (*Il prend son chapeau qu'il avait mis sur une chaise et court après Gertrude*).

6ᵉ SCÈNE

M. POIRIER, ANGÈLE.

M. POIRIER (*Avant d'entrer au salon*). — Bon courage, Lucien, nous voici. (*Quand il est entré, voyant la pièce vide*) Eh bien ! qu'est-ce que cela signifie ; Lucien n'y est pas !... où sera-t-il à présent ?

ANGÈLE. — Que sais-je ? Ne disiez-vous pas qu'il m'attendait ?

M. Poirier. — Je le lui ai bien recommandé, en effet, en le quittant.

Angèle. — Alors pourquoi est-il absent ?

M. Poirier. — Ah ! je crois le deviner... C'est, je crois, un de ces mécomptes auxquels s'exposent souvent les dames. Lorsqu'elles se mettent à leur toilette, elles ont à s'occuper de tant de menus détails, que cette grande œuvre tire en longueur, et alors la personne qui les attend, se lasse, perd patience et s'en va .. Peut-être Lucien est-il piqué, et se figure-t-il que, pour le moment, tu voulais éviter sa présence.

Angèle. — Moi ! .. le fuir ! Que dites-vous là, mon oncle ?

M. Poirier. — Ta bonne le lui a donné à entendre.

Angèle. — Gertrude lui a parlé ?

M. Poirier. — Je suis porté à le supposer.

Angèle (A part). — O ciel ! quel funeste pressentiment !

M. Poirier. — Quand tu le verras, aie soin d'avoir pour lui tous les égards que mérite cet excellent jeune homme. On ne rencontre pas tous les jours, tu le sais par toi-même, de partis qui ne laissent rien à désirer, comme celui-là. D'ailleurs ma parole est engagée, et je présume que tu ne m'obligeras pas à la retirer.

Angèle. — Vous avez toujours eu pour moi tant de bontés, que votre volonté, cher oncle, sera en tout la mienne.

M. Poirier. — On ne peut mieux dire, mon enfant. Si tu me regardes moins comme un oncle que comme un père, j'avoue que, de mon côté, il me semble que je le suis en effet. Bien jeune encore, tu perdis celui que Dieu t'avait donné ; je te pris alors sous ma tutelle et je pense en avoir assez bien rempli les devoirs. Je t'aimai, je te traitai tout d'abord comme ma fille et je n'ai point changé de manières à ton égard... Quant à

ton frère... mais à quoi bon parler de lui ?... Mettons
que la famille l'a perdu...

ANGÈLE. — Ah ! mon pauvre frère !.. Il est bien
malheureux !

M. POIRIER. — A qui la faute, sinon à sa conduite
déréglée ? Jeune, instruit, doué de talents précieux,
plein de nobles sentiments, devait-il s'associer à des
conspirateurs insensés ?

ANGÈLE. — Soyez sûr, mon oncle, qu'il est moins
coupable que malheureux.

M. POIRIER. — Il est bien coupable aussi, pour
avoir causé tant de chagrin à sa famille. Au lieu de
mener parmi les siens une vie douce et tranquille, il
est proscrit sur la terre étrangère. Faute de nouvelle de sa part, tout est à craindre... Qui sait si une
balle ne l'a pas atteint dans quelque combat ignoré ou
dans une embuscade...

ANGÈLE. — Dans l'incertitude où nous sommes sur
ce qui le concerne, qui sait si, revenu de son erreur,
détaché d'une cause qu'il réprouve, il ne brûle pas du
désir de se jeter à vos pieds et d'y solliciter le pardon
de sa faute ?

M. POIRIER. — On peut faire sur lui des supposi-
tions bien diverses ; mon avis est qu'il vaut mieux
aujourd'hui ne pas nous en occuper hors de propos.
Revenons à Lucien.

ANGÈLE. — Permettez-moi, je vous prie, encore un
mot relatif à mon frère. Si, corrigé par une épreuve
cruelle, il venait implorer sa grâce, seriez-vous sans
pitié ? Ne lui laisseriez-vous pas espérer quelque
indulgence ?

M. POIRIER. — Dans ce cas... Je ne sais trop ce
que je ferais... Peut-être suivrai-je le mouvement de
l'opinion publique, lorsque sera publié le décret d'amnistie dont on parle.

Angèle. — Bénie soit la main qui signera ce décret si consolant.

M. Poirier. — Cet acte de clémence, les révoltés, il faut en convenir, ne l'ont guère mérité. Mais le parti vraiment national, en montrant ainsi la douceur jointe à la force, se fera vraiment honneur.

Angèle. — Dès que ce décret aura paru, mon frère n'aura plus rien à craindre ? .. Quel bonheur ! (*A part:* Si je pouvais lui faire savoir tout de suite cette bonne nouvelle ?...) — Cher oncle, si vous le permettez, je me retire.

M. Poirier. — Non pas, attends encore un peu... Je crois entendre Lucien qui s'approche. Tu ne peux te dispenser de le recevoir.....

7ᵉ SCÈNE

M. POIRIER, ANGÈLE, LUCIEN,

Angèle (*Dès que Lucien paraît*).— Mon cher Lucien ! (*Lucien la salue gravement*).

M. Poirier. — Eh ! mon ami, que signifie cette froideur ? Ne sens-tu pas qu'entre nous ce ton cérémonieux est de reste ?

Lucien. — Cher M. Poirier, ma réserve, croyez-le, n'est pas ici l'effet d'un caprice...Je viens vous déclarer que je ne dois plus penser à être l'époux de Mademoiselle.

Angèle. — O mon Dieu ! que viens-je d'entendre !

M. Poirier. — Sans doute, tu ne parles pas sérieusement, je suppose.

Lucien. — Excusez-moi, Monsieur ; c'est une résolution réfléchie.

M. Poirier.— Mais d'où vient ce changement subit ? Manquer à ses engagements sans de graves motifs ne

conviendrait pas à un honnête homme comme toi...
Et tu dois justifier...

Lucien (*L'interrompant*).— Que vous dirai-je, à vous
mon vieil ami ? Le mariage a pour but le bonheur de
ceux qui s'y engagent et Mademoiselle cependant...

Angèle. — J'ai toujours cru que mon mariage avec
vous ne contribuerait pas à vous rendre malheureux.

Lucien. — Et moi, je pense, à présent, que s'il avait
lieu, il n'y aurait de bonheur pour aucun des époux.

M. Poirier. — Voyons, Lucien, donne-moi quelque
explication qui me fasse voir en quoi ma nièce a pu te
déplaire.

Lucien. — C'est que j'ai appris sur le compte de
Mademoiselle des choses qui m'ont étrangement
affecté...

Angèle. — Ah ! voilà l'effet du poison de la calom-
nie ! Votre inconstance n'a pour cause que la crédulité
avec laquelle vous avez écouté des paroles perfides.

Lucien — Il m'en coûte de me résoudre à ce sacrifice, mais je dois pas m'y refuser.

Angèle. — Bien assurée de mon innocence et justement fière de ce que ma conscience ne me reproche
rien, je ne puis vous entendre davantage.... Si vous
m'aviez aimé, en effet, vous ne quitteriez pas ainsi,
(*sur la foi d'une effrontée*), non, vous ne quitteriez
pas une femme qui n'a pas un instant cessé de mériter
votre estime. (*Elle s'en va en essuyant ses larmes avec
son mouchoir*).

8ᵉ SCÈNE

M. POIRIER, LUCIEN

M. Poirier. — Ingrat !... Voilà donc, Lucien, de
quelle manière tu réponds aux marques d'affection que
tu as reçues de moi !

LUCIEN. — Vos reproches seraient moins vifs. mon ami, si vous étiez mieux instruit de ce qui motive mon refus. C'est pour ne pas blesser par une révélation trop brusque la sensibilité de votre nièce, que je me suis abstenu d'exposer en détail les causes de cette rupture.

M. POIRIER. — Eh bien, à présent que nous sommes seuls, parle sans rien cacher.

LUCIEN. — Vous sentez, Monsieur, qu'en unissant mon sort à celui d'une femme de 17 ans, j'espérais la trouver aussi exempte de duplicité et d'intrigues, qu'elle est remarquable par sa beauté Malheureusement, des renseignements nouveaux m'ont appris qu'elle trompe son oncle et qu'elle abuse de ma loyauté en me promettant une foi qu'elle a déjà violée.....

M. POIRIER. — Ma nièce !... Je ne puis le croire ! C'est impossible ! L'accusation est fausse !... Où sont les preuves ?.. Dis-moi où elles sont... Il faut voir le fond de cet odieux mystère.

LUCIEN. — Des preuves, en voici. Lisez ce billet adressé à votre nièce, il prouve assez, je crois, de secrètes relations entre elle et un certain M. Paul de Pornic. J'ai d'ailleurs par devers moi d'autres détails qui viennent à l'appui de mon assertion.

M. POIRIER. — Sur ce point-là, je crains que votre opinion se soit formée un peu à la légère. Jugeons le fait de sang-froid.. De ce qu'un individu a écrit un billet doux à ma nièce s'ensuit-il avec évidence qu'elle y a répondu et consenti à la demande du galant ?

LUCIEN. — Non, je l'avoue... Mais que direz-vous d'un autre rival, bien plus à craindre pour moi ; de l'homme indigne qui a osé me disputer audacieusement la main d'Angèle ? Pensez-vous que l'asile qu'il

a trouvé sous votre toit doive le mettre à l'abri de
mon ressentiment ?

M. Poirier — Mon secrétaire ! Quoi !... Ce pauvre
diable !

Lucien. — C'est l'amant d'Angèle !

M. Poirier. — Serait-ce donc pour cela qu'elle
s'intéressait à ce qu'il fut admis auprès de moi... Il a
de l'esprit, il m'est très utile pour les écritures du
bureau, et tient mes comptes bien en règle, je le
reconnais et je l'estime un honnête garçon... Aussi te
demanderai-je encore : Est-tu sûr de ce que tu as
avancé ?

Lucien. — Oui, sans doute. Je vous dis qu'elle
l'aime, et cela de manière à passer les bornes de la
réserve qu'une fille honnête doit garder.

M. Poirier. — Mesure au moins tes expressions.

Lucien. — Je le fais aussi Eh bien, si à la veille du
mariage, on fait de telles découvertes, l'homme d'honneur ne doit-il pas reculer plutôt que d'accepter une
chaîne funeste ?

M. Poirier. — Si les renseignements dont tu parles
étaient certains, je n'aurais rien à dire contre tes
scrupules. Mais il me reste un doute grave. Ma nièce
a toujours mérité de ma part une confiance absolue.
J'ai la conviction qu'elle n'a rien fait pour la perdre....
Mais, je soupçonne une main cachée dans l'ombre à
côté de nous et qui travaille à semer le trouble et la
discorde. Je vais de ce pas faire les recherches
qu'exigent le repos et l'honneur de ma famille. En
attendant mon retour, modère la fougue de ton caractère et souviens-toi que mes efforts auront pour
résultat l'apaisement des passions soulevées contre
toute justice. (*Il sort*).

9e SCÈNE

LUCIEN, puis FRÉDÉRIC.

LUCIEN (*S'asseyant dans un fauteuil*).—La démarche de M. Poirier part d'un bon sentiment, je l'avoue, mais que peut-il faire pour prévenir une rupture inévitable? J'aimais sa nièce sincèrement ; mais l'épouser sous de si tristes auspices, je ne puis m'y résoudre, et cela ne sera point. (*Lucien tombe insensiblement dans une rêverie pénible qui, par moments, le fait soupirer... Tandis qu'il y est absorbé, Frédéric, passant par une porte entrebaillée derrière lui, vient tout doucement se placer à son côté ; puis il lui adresse la parole*).

FRÉDÉRIC. — Je suis bien aise, Monsieur, de vous rencontrer ici. Nous avons à éclaircir une question grave. Mais nous y réussirons, si vous voulez vous y prêter. On dit que, après avoir formellement prétendu à la main de la jeune Angèle, vous retirez votre parole et renoncez au mariage. Pourriez-vous dire ici le motif de cette résolution imprévue ?

LUCIEN. — Je vous suppose, Monsieur, trop bien informé de ces motifs pour qu'il soit nécessaire de les déduire.

FRÉDÉRIC. — Ne précipitez rien, Monsieur. Pensez mûrement aux suites de votre décision. Considérez que lorsqu'un mariage a été publiquement annoncé, s'il vient ensuite à être brusquement rompu, il en résulte pour la femme, délaissée sans cause valable, une défaveur dont la famille a peine à se consoler. Quant à la personne dédaignée, croyez-vous qu'elle puisse oublier le tort fait à sa réputation ?

LUCIEN (*Se levant d'un bond*). — Je suis curieux de savoir, Monsieur, de quel droit vous venez m'adresser ce touchant discours.

FRÉDÉRIC. - Eh ! morbleu ! du droit qui appartient à tout honnête homme incapable de voir de sang froid commettre de telles offenses. Ce droit je le réclamerai, s'il le faut, c'est vous dire qu'il y a un homme prêt à la venger de celui qui manque à sa parole ; et cet homme c'est moi.

LUCIEN. — Toi ! vil séducteur !.. Toi ! qui m'as ravi le trésor qui m'était destiné ! Ah ! le ciel t'amène, je le vois, pour recevoir de ma main la peine que tu mérites. Eh ! bien, si tu es un homme d'honneur, prouve-le moi, en sachant te défendre au moment du danger. (*Il lui offre le choix entre deux pistolets*).

FRÉDÉRIC. — Observez d'abord, Monsieur, que je ne mérite aucun des termes injurieux dont vous avez usé envers moi. Sachez en suite qu'il ne me semble pas convenable de compromettre le domicile de mon cher protecteur.

LUCIEN. — Ah ! tu fléchis devant ma colère, tu voudrais gagner du temps. Mais je te tiens, et tu seras puni, ici même où tu m'as offensé !

FRÉDÉRIC. — Ecoutez ! Monsieur... Je n'ai qu'un mot à vous dire.

LUCIEN. — Tu hésites !... tu as peur !... Ah ! lâche !...

FRÉDÉRIC. — Moi, lâche... Non jamais ! (*Il se saisit à la hâte d'un pistolet, recule de 5 à 6 pas et, l'arme chargée, se pose en face de son rival*). Monsieur, quelle satisfaction demandez-vous.

LUCIEN. — Je n'en veux pas d'autre que la mort ou la vengeance.

(*Quand ils sont sur le point de mettre les pistolets en joue, Angèle accourt se jeter entr'eux*).

10ᵉ SCÈNE

LUCIEN, FRÉDÉRIC, ANGÈLE, puis M. POIRIER.

ANGÈLE.— Arrêtez-vous ! au nom de Dieu !. . Mon oncle, venez vite !... (*A genoux devant Frédéric*) Mon frère... ah ! je t'en supplie !... Mon frère, apaise-toi !

LUCIEN.— Ah !... son *frère*, a-t-elle dit..., si c'était vrai !

FRÉDÉRIC (*A part, à Angèle*).— Ah ! ton indiscrétion fait ma perte.

M. POIRIER (*A part, en entrant*) — O ciel ! que vois-je ! (*A Frédéric*) : Comment ! après avoir troublé le bonheur de cet estimable jeune homme, tu viens encore l'insulter et te battre avec lui !

FRÉDÉRIC. — C'est Monsieur qui l'a voulu.

M. POIRIER. — Donne-moi cette arme.

(*Il prend le pistolet et le remet à Lucien*).

LUCIEN. — Tantôt, Mademoiselle, pour soustraire mon rival à ma colère, l'a appelé son frère; que signifie cela.

ANGÈLE. — Oui, je lui ai donné le nom, qui est le sien. Le moment est enfin venu où je puis devant tous l'avouer hautement. Le décret de clémence qui rend à leurs familles tant de Français égarés par la politique, permet aussi à mon frère de se montrer et de reprendre son nom.

LUCIEN (*A part*). — Tout s'explique, à présent... Je puis respirer.

ANGÈLE. — Viens, mon frère, tu as souffert des accusations injustes, mais ta conscience a dû rester en paix. Les soupçons sans motif doivent enfin s'évanouir.

FRÉDÉRIC. — C'est la vérité seule qui sort d'une bouche étrangère au mensonge. Oui, mon oncle, permettez que je vous donne ce titre si cher. Après avoir dissipé l'illusion qui me trompait, dans ma disgrâce je vins chercher près de vous un asile, soupirant après l'heureux jour où je pourrais me faire connaître, afin de resserrer encore davantage nos liens d'affection et de parenté .. Me pardonnez-vous, mon oncle ?

M. POIRIER. — Ma foi, je n'ai pas l'ombre d'un reproche à te faire. Tes erreurs politiques ont été sûrement répréhensibles, mais il faut bien les oublier, quand le gouvernement les couvre de son indulgence. C'est donc avec plaisir que je t'ouvre mes bras. (*Ils s'embrassent*). Ah ! maintenant je reconnais en toi les traits de mon frère aîné. Lorsque je te vis chez lui, il y a plus de quinze ans, tu étais encore tout petit ; il n'est donc pas étonnant que je t'aie point remis en te revoyant bien plus tard, grand et beau jeune homme... Mais comment c'est-il fait que tu sois venu chez moi, et que sans le savoir je t'aie abrité dans ma maison ?

FRÉDÉRIC. — Angèle m'a tendu la main et m'a sauvé.

ANGÈLE. — Dès qu'il vint chez vous, je pris des mesures pour qu'il ne fut pas connu et que sa vie fut sans danger. Son caractère vif, ému par les bonnes nouvelles que je lui ai communiquées, a précipité cette déclaration de ma part et doit avoir en même temps, je l'espère, dissipé l'erreur de M. Lucien.

LUCIEN. — Oh ! Mademoiselle, n'achevez-pas de me confondre. (*A M. Poirier*) Je rougis, Monsieur, d'avoir un moment douté de l'affection de cette vertueuse jeune fille... Mais ce fatal billet et les cancans de Gertrude...

M. POIRIER. — C'est elle dont la malice travaillait à nous rendre tous ennemis les uns des autres.. Mais enfin nous voilà délivrés des ruses de ce serpent ; laissons à l'écart cette perversée créature ; livrée au mépris public, ses remords la puniront assez.

Lucien. — Combien je suis honteux de mon erreur !... Y penser seulement est pour moi une souffrance.

M. Poirier. — Tu veux dire que tu es disposé à en effacer la trace, n'est-ce pas ?

Lucien. — Voici ma main prête à s'unir à celle d'Angèle, plus estimable que jamais à mes yeux... Je me croirai honoré aussi de devenir le frère de M. Frédéric, auquel je promets une amitié cordiale et constante. (*Tous deux se serrent la main*).

Frédéric — Soyez assuré, M. Lucien, que vous serez franchement payé de retour. Ce qui s'est passé tout à l'heure entre nous était, au fond, de ma part une preuve de l'estime que je sentais pour vous. De votre côté, vous avez dû voir que j'étais surtout animé par le vif désir de conserver à ma sœur l'alliance qui devait l'unir à un parfait galant homme.

M. Poirier. — Angèle, Lucien, Frédéric, vous méritez d'être heureux ; je pressents que vous le serez, je le serai moi-même, car mon bonheur est inséparable du vôtre. Le mariage ne sera pas différé ; nous allons y procéder immédiatement. Je vais prendre jour à la Mairie. Frédéric aura soin d'arrêter une troupe d'artistes pour le festin et le bal.

AGLAÉ

Drame en 3 actes.

PERSONNAGES :

Madame PINSON, veuve riche.
AGLAÉ, sa fille unique, agée de 13 ans.
Madame VERDIER, veuve riche, grand'mère d'Aglaé.
Mʳ JOLY, rentier, ⎫
Mʳ DUROC, banquier, ⎬ amis de la famille Pinson.
Mʳ POTHIER, avocat, ⎪
Mʳ JOBARD, jeune rentier, ⎭
Mʳ GAY,　　maître de danse.
Mʳ LAMBERT,　id.　de musique.
Mʳ PATIN,　　id.　de langues.
BARDON, domestique de Madame Verdier.
FRANCINE, sa fille, bonne de Madame Pinson.
LUCAS, valet de Madame Pinson.

La scène se passe à Avignon, dans une belle maison bourgeoise,
d'abord chez Mᵐᵉ Pinson ; puis chez Mᵐᵉ Verdier.

1ʳᵉ SCÈNE

Boudoir élégant, avec un grand miroir à gauche.

AGLAÉ, puis Mᵐᵉ VERDIER.

Aglaé (*Debout devant le miroir, elle exécute des pas
de ballet, puis elle dit*).— Que cela est joli et comme je
danse bien !... Il faut avouer que M. Gay, mon maître
de danse, a raison de me proclamer la meilleure de
ses élèves. C'est que, à présent, je sais mettre d'accord
la position du buste et des bras avec les mouvements
de la tête et des yeux. Aussi, quand nos amis, MM.
Duroc et Jobard, viendront m'offrir des bouquets, me
tournant vers l'un, puis vers l'autre, je lui dirai :

Merci, Monsieur. Que ce bouquet est gracieux ! comme il sent bon !...

Mme Verdier (*Entrant à l'improviste*). — Eh ! mon Dieu ! Aglaé, quelles figures fais-tu là, devant le miroir ?

Aglaé. — Des figures, je n'en fais pas, grand' maman ; mais, comme c'est aujourd'hui ma fête, au sujet de laquelle ma mère donne un dîner de gala...

Mme Verdier (*A part*). — Elle aurait mieux fait de s'en dispenser...

Aglaé. — Puisque je serai la reine de la fête et que chacun me fera des compliments, je me préparais à y répondre.

Mme Verdier. — Pourquoi n'y répondrais-tu pas tout uniment, sans rien affecter. Les paroles d'une jeune fille doivent, comme ses manières, être simples et naturelles.

Aglaé. — Les miennes le sont aussi. Chacun me trouve affable, gracieuse ; que je chante, que je déclame ou que je danse, chacun me donne des applaudissements.

Mme Verdier. — Et tu les crois tous sincères, mon enfant ?

Aglaé. — Il n'y a pas d'apparence que l'on veuille me tromper. D'ailleurs, vous le savez déjà, mes maîtres assurent à ma mère que je suis un prodige.

Mme Verdier. — Et ils le disent même devant toi ?

Aglaé. — Oui, vraiment.

Mme Verdier. — Alors, ce doit être pour t'encourager à bien faire.

Aglaé. — Oh ! je ne manque pas de courage. Je ne ressemble point à ma cousine Dorothée, qui tremble, pâlit, perd la tête, quand on l'invite à jouer un morceau de musique sur le piano.

Mme Verdier. — Elle y réussit cependant mieux que

toi ; si elle est timide, ce doit être par excès de modestie.

Aglaé. — A vous entendre, bonne maman, l'on dirait que vous m'aimez peu, je suis pourtant sûre du contraire : vous l'avez encore prouvé ces jours derniers par le don d'une très belle robe.

Mme Verdier. — Les avis que tu reçois de ma bouche sont une preuve de mon affection plus évidente que le don de la robe. Le vif désir de te voir bonne et aimable me fait seul parler.

Aglaé. — Ces qualités, je les ai déjà, étant bonne et jolie. (*Caressant sa grand'mère*) Vous ne le dites pas, afin de ne pas m'inspirer d'orgueil, mais je le sais bien, moi... Bientôt vous avouerez que la robe me va parfaitement et selon la dernière mode... Je serai peignée à la chinoise, et vous verrez le bel effet que cela fera.

Mme Verdier. — Avec ces idées-là, ne risques-tu pas de négliger des soins plus importants ? Tu ne te fixes à rien de sérieux. A peine as-tu commencé un ouvrage, tu le quittes et n'y penses plus. Il serait bon d'avoir de la patience.

Aglaé. — Oh ! la patience est la vertu des *ânes !*

M^{mo} Verdier. — Qu'entends-je ! Est-ce ton cœur qui parle ?

Aglaé. — C'est une opinion courante dans les cercles.

Mme Verdier. — Tant pis pour elle, elle n'en est pas moins fausse, car il n'y a ni science, ni art, ni métier qui s'apprenne sans la patience. Je dis plus, sans cette vertu, pas une femme ne peut remplir ses devoirs.

Aglaé. — Grand'maman, je crains qu'il ne se fasse tard. J'ai à repasser un morceau de poésie, à me peigner, à m'habiller. Permettez que je me retire.

M^{mo} Verdier. — Eh bien, va.

(*Aglaé sort en sautillant et se regardant au miroir*).

2e SCÈNE

Mme Pinson. — J'ai l'honneur de vous saluer, Madame.

Mme Verdier. — Bonjour, ma chère bru.

Mme Pinson. — N'avez-vous point vu passer Aglaé ?

Mme Verdier.— Elle est restée ici un moment ; puis elle a dit qu'elle allait repasser des vers et s'habiller.

Mme Pinson. — J'espère qu'elle se tirera de la déclamation à son honneur. Cette petite annonce un talent supérieur.

Mme Verdier.— Elle a des moyens, il est vrai. Mais il ne faudrait pas qu'elle l'entendit répéter souvent ; elle risquerait de devenir un démon d'orgueil.

Mme Pinson. — Oh ! là-dessus, je suis d'une opinion différente. Les éloges, selon moi, ne font qu'exciter le zèle des enfants pour les études... Et puis, de nos jours, on ne les fait plus étudier par force.

Mme Verdier. — Cette méthode était mauvaise ; mais convient-il de tomber dans l'abus de l'indulgence? Je suis tentée de croire que la première institutrice d'Aglaé a souvent abusé de la flatterie avec elle.

Mme Pinson. — Mlle Séguin !. . Elle seule, au contraire, a conduit ma fille au point où elle est. Il est fort regrettable que le besoin de régler des intérêts de famille l'ait obligée à rejoindre ses parents. Je m'estimerais heureuse si j'en pouvais rencontrer une autre aussi capable. Trois mois de recherches n'ont encore abouti à rien.

Mme Verdier. — On peut sortir d'embarras ; voici comment : j'ai vu souvent chez M. Duport une dame instruite et sensée qui a fort bien dirigé l'éducation de ses filles. Comme depuis peu elles se sont établies,

Mᵐᵉ Zoé Godon est sans emploi, si vous désirez profiter de cette occasion, j'irai l'inviter à venir vous voir.

Mᵐᵉ Pɪɴsoɴ. — N'en prenez pas la peine. J'ai vu aussi cette dame ; son ton froid, ses manières compassées n'ont rien d'engageant. La jeunesse veut être élevée avec moins de cérémonie. Justement les demoiselles Duport semblent avoir été à l'école antique: aussi, quoique grandes et belles, ont-elles l'air de statues et sont loin de briller.

Mᵐᵉ Vᴇʀᴅɪᴇʀ. — Elles se sont pourtant déjà bien mariées.

Mᵐᵉ Pɪɴsoɴ. — Oui, a des bourgeois très ordinaires, sans goût et sans idées.

Mᵐᵉ Vᴇʀᴅɪᴇʀ. — Ma bru, je regrette qu'il ne me soit pas possible de prendre part à la réunion joyeuse qui aura lieu chez vous aujourd'hui. Mon estomac dérangé depuis mardi, m'oblige à observer la diète : l'ordonnance du médecin est formelle.

Mᵐᵉ Pɪɴsoɴ. — Je suis peinée de voir l'état de votre santé nous priver de votre présence, mais je ne veux vous gêner en rien.

Mᵐᵉ Vᴇʀᴅɪᴇʀ.— Au revoir donc, ma bru. Tandis que je serai chez moi, prenez un peu de plaisir. Vous me direz plus tard comment s'est amusée notre chère Aglaé.

Mᵐᵉ Pɪɴsoɴ. — Soyez sans inquiétude et soignez-vous bien. (*Mᵐᵉ Verdier sort*).

3ᵉ SCÈNE

Mᵐᵉˢ PINSON, AGLAÉ, FRANCINE.

Mᵐᵉ Pɪɴsoɴ (*d'abord seule*). — Au fait, il vaut mieux qu'elle reste chez elle: sa présence eut mis mes convives à la gène.

AGLAÉ (*Elle vient en courant*).— Ah ! voici maman. Elle sera mon juge.Voyez un peu, ma mère, la coiffure que Francine m'a faite. Je la voulais à la chinoise; elle soutient qu'elle va mieux ainsi, qu'en pensez-vous ?

Mᵐᵉ PINSON (*A Francine*). — Ma fille a raison, cette coiffure lui sied mal.

FRANCINE. — Observez, Madame, que les cheveux de Mademoiselle...

AGLAÉ. — Arrangés à la chinoise, ils doivent être lisses partout... Vois donc que de touffes tu m'as laissées...

FRANCINE (*A part*).—Aglaé les a remis en désordre.. Que de patience il me faut avoir !

Mᵐᵉ PINSON. — Assieds-toi là, devant ce miroir .. Je dirai à la bonne comment elle doit s'y prendre.

(*Aglaé s'assied et Francine lui ramène les cheveux sur le devant de la tête, suivant les indications de la mère*).

FRANCINE. — Vous le voyez, Madame, comme, jusqu'ici, Mademoiselle les a portés courts, ils offrent peu de prise et il n'y pas moyen de les attacher en haut.

AGLAÉ. — Avec de la bandoline on les fait rester où l'on veut. (*Impatientée elle s'agite sur la chaise*).

Mᵐᵉ PINSON. — Tiens-toi donc en repos, si tu veux que ce travail s'achève.

AGLAÉ. -- Attache-les bien au sommet de la tête. Comme on le voit dans le *Journal des Modes*. Je les veux ainsi.

FRANCINE. — Lors même que je parviendrais à les lisser avec l'huile et la bandoline, au moindre mouvement que vous feriez, ils seraient encore ébouriffés...

AGLAÉ. — Tais-toi, au lieu de parler comme une sotte.

Mme PINSON. — Cette fois-ci, son observation est juste. Tes cheveux restent en masse au-dessous du point où il faudrait les attacher ; et comme tu dois aujourd'hui déclamer, danser et faire de la musique, ils se seront bientôt rabattus. Il vaut donc mieux renoncer pour le moment à ton idée.

AGLAÉ. — Faut-il donc que je ne puisse jamais avoir une chose à mon goût !.. Quelle fatalité !

Mme PINSON. — Pour remédier à ce mal, tu n'as qu'à te faire coiffer *à l'enfant.*

AGLAÉ. — A 13 ans ! je ne suis plus *une enfant.* Voyez ma robe longue.

4e SCÈNE

LES MÊMES, LUCAS.

LUCAS. — Madame, MM. Duroc, Pothier et Jobard sont au parloir.

Mme PINSON. — Quoi ! déjà !... Je ne les attendais pas sitôt.

AGLAÉ. — Mère, vous les avez priés de venir une heure avant le dîner... Ils sont ponctuels... Et moi qui ne suis pas coiffée !

Mme PINSON. — Je les ai invités croyant que j'aurais le loisir de leur faire connaître tes talents... Pour moi, qui n'ai pas à me mettre en frais de toilette, je serai prête en un moment. Lucas, faites passer ces Messieurs au salon, et vous leur remettrez les journaux exposés sur la table (*Lucas salue et sort*). Francine, habillez Aglaé avec un soin spécial... Et toi, mon bijou, ne t'inquiète de rien, pour ne pas altérer ta charmante physionomie. (*Elle sort*).

5e SCÈNE

AGLAÉ, FRANCINE.

AGLAÉ (*A part*). — Comment rester de sang-froid avec une sotte femme de chambre qui ne sait rien faire !

FRANCINE. — Mademoiselle, sans me vanter, je puis vous dire que Mme Fichet, ma première maîtresse, m'enseigna toute espèce de travaux et ne se plaignit jamais de mon service.

AGLAÉ. — Oh ! Mme Fichet, une villageoise, ne devait pas avoir le goût bien délicat. Et pourquoi sortis-tu de chez elle ?

FRANCINE. — Tout simplement parce que mon père aima mieux me voir servir dans la même maison que lui.

AGLAÉ. — Eh bien ! si tu es habile, coiffe-moi à la chinoise. C'est ce que je veux absolument.

FRANCINE. — Asseyez-vous, et je m'y mettrai.

(*Aglaé s'assied, mais fait à chaque instant des contorsions... Bientôt, cédant à son humeur capricieuse, et se levant avec colère, sans s'apercevoir que sa robe s'étendait sous le pied du meuble où est la glace, elle déchire sa robe*).

AGLAÉ (*S'écriant*). — Ah ! ma belle robe ! C'est à cause de toi qu'elle est dans cet état !

FRANCINE. — Faites excuse, Mademoiselle, je n'y suis pour rien.

AGLAÉ. — Tais-toi, au lieu de m'agacer... Voyons, fais-moi vite une reprise ici...

FRANCINE. — Une reprise, Mademoiselle, ne suffirait pas. Comme le temps vous presse, prenez plutôt le parti de choisir celle de vos robes qui vous plaît le plus et le mal sera réparé.

AGLAÉ. — On les a vues toutes et pas une ne m'irait

aussi bien. Ah ! que je suis malheureuse ! (*Elle pleure et trépigne de dépit*).

FRANCINE (*A part*). — Ce sont là des disgrâces qui tombent à propos.

6ᵉ SCÈNE

LES MÊMES et LUCAS.

LUCAS. — Madame votre mère vous attend dans sa chambre, dès que votre toilette sera finie. (*Il salue et sort*).

AGLAÉ. — Que va dire ma mère !... Mais je lui conterait tout, et, certes, je ne lui cacherai pas que tu es la cause de mon malheur. (*Elle sort*).

FRANCINE (*A part*). — Celle qui, à 13 ans, a ce caractère, ne sera pas facile à servir quand elle sera majeure ; c'est sûr et certain.

Deuxième Acte

1ʳᵉ SCÈNE

MM. DUROC, POTHIER, JOBARD.

(*Salon richement meublé... Les invités, assis auprès d'une table, ont devant eux de beaux albums et des journaux*)

M. DUROC (*Se levant de son siège*). — Beau plaisir, ma foi ! que celui de l'attente ! Mais, quand elle dure trop, la patience n'y tient plus... Mᵐᵉ Pinson nous prie instamment de venir de bonne heure et, quand nous sommes réunis, elle se figure que des journaux et des livres vont nous amuser ! Ah ! par exemple, celle-là est bonne !... Qu'ai-je à faire de journaux, moi qui les ai déjà parcourus au Café, où je passe tous les matins deux heures à fumer ?

M. Jobard. — Ce qui m'aide à supporter maintenant l'ennui c'est l'espérance de l'excellent dîner qui
nous est sans doute réservé... Je ne connais dans la
vie des vrais plaisirs que ceux d'une table délicate-
ment servie.

M. Pothier. — Quoi ! Monsieur, un jeune homme
comme vous, né de bonne famille, aimable, considéré,
indépendant, riche et de santé florissante, trouve que
la vie est un fardeau !

M. Jobard. — Vous avez dit le fin mot, Monsieur.
Il est possible que d'autres regardent ma situation
avec une envie jalouse... Que voulez-vous que je dise,
sinon qu'elle me pèse, et cela à tel point que rien au
monde ne m'intéresse... Je vais à la promenade, au
cercle, au théâtre pour tuer le temps ; peine perdue :
quoi que je fasse, l'ennui me tient mordicus et me
rend l'existence insupportable.

M. Duroc. — Eh bien, moi, Monsieur, quoique
moins jeune que vous, et moins bien posé dans la
société, car la nature et la fortune ne m'ont pas autant
favorisé, je ne vois pas les choses des mêmes yeux que
vous et tout ne me porte pas à l'humeur noire. Loin
de fixer mon attention sur ce qui pourrait m'attrister,
je ne l'attache qu'à ce qui peut me divertir. Avec cette
disposition, je suis à peu près sûr de trouver ici-même
de quoi entretenir ma gaîté.

M. Pothier. — Eh ! eh ! mon ami, c'est donc pour
vous procurer une gentille amusette que vous faites la
cour à la mère et à la fille ? car vous en avez tout l'air,
soit dit entre nous.

M. Duroc. — Et je ne m'en défendrai pas. A quoi
bon ? Je joue à jeu découvert, les cartes sur la table,
vous en voyez la preuve dans les beaux bouquets que
je destine à ces gracieuses personnes.

M. Jobard. — Diable ! M. Duroc, ils éclipsent joliment les nôtres.

M. Pothier. — Composés de fleurs rares et belles, ils ont dû vous coûter cher.

M. Duroc. — Cher ! non, mon ami, pas un sou.

M. Pothier. — Est-ce que la fleuriste vous les a donnés, *en amie ?*

M. Duroc. — Pas davantage. Voici l'explication naïve du fait. Hier, à la fin de la soirée donnée au théâtre, j'allai complimenter la danseuse Fanny sur le *nouveau pas-de-deux* qui lui a valu de si vifs applaudissements. Je trouvai là négligemment dispersés sur une table au moins une vingtaine des plus riches bouquets que le public avait jetés à ses pieds...

M. Jobard. — Et les fleurs de vos bouquets sont celles d'hier ?

M. Duroc. — Vous l'avez dit, Monsieur. Mlle Fanny me laissa de bon cœur choisir à mon gré, m'aida à les lier avec des rubans et rit avec moi de l'usage que je me proposais d'en faire, car je ne lui avais pas caché mon intention. J'espère, Messieurs, que vous garderez pour vous mon secret.

M. Pothier. — Là-dessus, soyez en repos... nous avons du savoir-vivre...

M. Duroc. — Quelqu'un de vous, Messieurs, peut-il dire s'il est vrai que le gain du procès soutenu à Paris par Mme Pinson, rendrait sa fille millionnaire ?

M. Pothier. — Ce serait probable, s'il était gagné !...

M. Jobard. — Auriez-vous des doutes à ce sujet, Monsieur ?

M. Pothier. — L'affaire est, dit-on, bien embrouillée.

M. Duroc. — L'avocat de Madame doit au moins avoir de grandes espérances de réussite, puisqu'il reste si longtemps dans la capitale.

M. Jobard. — Quant à Mme Pinson, elle tient déjà la cause pour gagnée.

M. Pothier. — J'en sais quelque chose, moi qui lui ai fait trouver des fonds à rembourser sur le premier argent qu'elle touchera.

M. Jobard. — Mon cher Duroc, si tu avais des vues sur la jeune fille, ces nouvelles doivent te faire réfléchir.

M. Duroc. — Avec ma fortune actuelle, je puis prétendre à une belle dot ou à une héritière opulente. Mais, Dieu merci, je n'ai pas plus besoin de l'une que de l'autre.

M. Jobard. — Moi, je ne sens point de vocation pour le mariage. Les chaînes me font horreur et je préfère à la société d'une femme la fumée odorante d'un bon cigare de la Havane.

2e SCÈNE

LES MÊMES, MM. PATIN, LAMBERT, GAY, LUCAS.

Lucas (*Entrant*).— MM. les maîtres de Mlle Aglaé... (*Il sort*).

M. Patin. — Messieurs, j'ai l'honneur de vous saluer.

M. Lambert. — Je suis votre serviteur, Messieurs.

M. Gay. — Messieurs... (*Il salue*).

M. Pothier. — Soyez les bienvenus, Messieurs. Eh ! vous n'avez pas de fleurs !

M. Patin. — Chacun de nous, en venant donner la leçon à Mademoiselle a déjà offert son bouquet.

M. Pothier.— En ce cas, tout le monde est en règle. C'est fort bien.

M. Duroc. — Vous, M. Patin, vous enseignez, je crois, les belles-lettres.

M. Patin. — Oui, Monsieur, et j'ai observé que Mademoiselle montre une intelligence au-dessus de son âge.

M. Jobard. — C'est vous, M. Gay, qui lui apprenez la danse ?

M. Gay. — En effet, et je trouve en elle la grâce d'une danseuse rare.

M. Pothier. — Vous êtes aussi son maître, M. Lambert ?

M. Lambert. — De musique, Monsieur. Elle a aussi une grande aptitude pour cet art. Il lui faudrait seulement un peu plus de patience et d'attention. Sa vivacité lui est parfois nuisible.

M. Duroc. — Elle a tant d'imagination et un caractère si bouillant !

M. Lambert. — D'ailleurs, sa mère veut avoir le plaisir de l'entendre jouer ; et désire que sa fille, en étudiant, s'amuse. De là vient que l'étude sérieuse, le vrai fondement de l'art, en souffre. Elle exécutera tout à l'heure un morceau peu chargé de gammes difficiles, qu'elle a travaillé durant plusieurs mois. C'est tout ce que j'ai pu obtenir d'elle.

M. Duroc. — Votre habileté comme exécutant est connue, Monsieur ; elle tirera de vos leçons un profit réel.

M. Pothier. — Au surplus, n'est-ce pas un usage établi que la jeune fille apprenne tout un peu superficiellement ?

M. Gay. — Il y a lieu, ce me semble, de faire une exception à l'égard de la danse. Mlle Aglaé y a fait déjà de tels progrès, qu'avant peu vous verrez en elle une artiste notable.

M. Pothier. — Je serai bien aise, Monsieur, de voir le fruit de vos leçons.

M. Patin. — Quant aux belles lettres, Monsieur, je

suis de votre avis ; je me sers des encyclopédies pour inculquer à mes élèves, des notions générales sur les sciences et sur l'histoire. Je leur fais lire avec soin des recueils choisis de prose et de vers dûs à nos meilleurs écrivains, pour qu'ils soient à même de parler de tout.

M. Pothier (*A part*). — Sauf à débiter bien des sottises.

M. Patin. — Pendant le long exercice de ma profession, je n'ai guère vu les garçons et les filles riches étudier que pour figurer dans la conversation, et pouvoir y dire un mot.

M. Duroc (*A part*). — Vois-tu, Jobard, le bel éloge, que l'on fait de nous ?

M. Jobard (*A part à M. Duroc*). — Il a raison. Pour ma part, une fois sorti du collège, je n'ai plus ouvert un livre.. Et, si tu parlais à cœur ouvert.....

M. Duroc. — Oh ! moi, je parcours les journaux qui me tiennent au courant des nouvelles politiques, financières ou littéraires... Je veux de plus connaître au moins le titre du roman ou de la comédie en vogue.

M. Patin. — Vous y cherchez enfin une distraction agréable ; c'est ce que fait la plupart du monde. Il ne manque à ceux qui ont les moyens de s'instruire que la volonté d'en faire usage.

M. Jobard. — C'est bien cela ; on pourrait, si l'on voulait ; mais vouloir est difficile.

M. Duroc. — Ah ! voici que nos dames arrivent, enfin !

3e SCÈNE

LES MÊMES, M⁻ᵉ PINSON, AGLAÉ.

Mᵐᵉ PINSON. — Pardonnez-moi, je vous prie, Messieurs, de vous avoir fait si longtemps attendre.

M. DUROC. — Les dames n'ont jamais d'excuse à demander. Nous étions ici à parler de vos mérites ; ainsi nos cœurs étaient avec vous. (*Il leur baise les mains, et présente son bouquet*).

M. JOBARD. — Je vous souhaite, Mademoiselle, bien des jours comme celui-ci. (*Il offre son bouquet*).

M. POTHIER. — Puissiez-vous avoir souvent, Mademoiselle, des jours aussi fleuris. (*Il offre son bouquet*).

AGLAÉ. — Que de grâces j'ai à rendre à votre bonté ! Messieurs. (*Elle dépose les bouquets sur le piano*).

Mᵐᵉ PINSON. — Asseyons nous, Messieurs, s'il vous plaît.

AGLAÉ (*Pendant que les invités s'accomodaient de leurs sièges, Aglaé, s'approchant des maîtres, leur dit à voix basse.* — Je ne sais si je pourrai faire quelque chose ce matin, j'ai quasi perdu la voix et je sens ma tête troublée.

M. PATIN. — Il est très fâcheux que vous soyez malade, Mademoiselle.

M. LAMBERT. — Pour la musique, ne soyez pas en peine. Me tenant à votre côté, je soutiendrai votre jeu.

M. GAY. — D'ailleurs, la danse vous mettra en belle humeur.

AGLAÉ. — Vous ranimez presque l'espérance en moi. (*Elle va s'asseoir entre M. Pothier et M. Duroc*).

Mᵐᵉ PINSON. — Eh bien, docteur, quelle nouvelle apportez-vous ?

M. POTHIER. — On m'a fait part ce matin du mariage de Mˡˡᵉ Terrier, la fille du riche notaire.

Toutes les femmes d'Avignon s'extasient sur l'éclat de sa magnifique parure.

Aglaé. — Ce contraste entre sa personne et ses ornements doit lui faire du tort, car Julie n'est pas belle.

Mᵐᵉ Pinson. — Et le corset lui a contrefait la taille. Savez-vous, Monsieur, si elle restera à la ville ?

M. Pothier. — Son mari, négociant à St-Etienne, nous l'enlèvera dès demain.

Aglaé. — Pauvre fille ! Je la plains d'être condamnée à la vie de province.

M. Duroc. — Comme elle n'a ni votre beauté, ni votre esprit, elle n'a pas eu peut-être d'autre parti à prendre. Mais vous, Mademoiselle, on espère que vous ne nous fuirez pas.

Aglaé. — Oh ! moi, je ne quitterai jamais Avignon, à moins que ce ne soit pour vivre à Paris.

M. Duroc. — Vous êtes née en effet, pour briller dans la Capitale.

Mᵐᵉ Pinson. — Quelque chose me dit que ma fille ne sera pas réduite à s'enterrer dans un coin de la province. Et moi, s'il me fallait renoncer à mes habitudes, aux cercles, aux concerts, aux théâtres, je ne sais si je pourrais encore supporter l'existence.

M. Pothier (A part). — Encore une excellente leçon pour une fille !

(Pendant que Mᵐᵉ Pinson cause avec M. Jobard, et que les maîtres jasent ensemble).

Aglaé (S'adressant à M. Duroc). — Vous ne m'avez encore rien dit, Monsieur, de ma toilette.

M. Duroc. — J'allais vous en parler... Elle est ravissante, Mademoiselle.

Aglaé. — Et ma coiffure peut-elle se comparer à celle de Zélie Turlupin que vous admiriez l'autre jour ?

M. Duroc. — Sur votre jolie tête grecque elle est bien mieux placée.

M. Pothier. — Mademoiselle, le temps s'écoule, et nous serions charmés d'être mis à même d'admirer vos talents.

M. Duroc. — Merci, docteur, vous avez prévenu les vœux de la société.

Mme Pinson. — Allons, Aglaé, commence par la danse, elle donne l'entrain.

Aglaé. — J'ai bien peur de ne pas réussir.

Mme Pinson. — M. Gay, donnez-lui la main, je vous prie, elle ne se sent guère disposée.

M. Gay. — Un peu de courage, Mademoiselle, et venez déployer vos grâces.

(M. Lambert se mettant au piano, joue un air de ballet ; Aglaé danse soutenue par l'accompagnement).

M. Duroc. — Eh ! Mademoiselle, vous vous en acquittez à merveille !

Aglaé. — J'ai tâché d'imiter les poses des meilleures artistes.

M. Jobard. — On voit bien que vous suivez les grands modèles, Mademoiselle.

Mme Pinson. — Viens, ma belle, que je t'embrasse ; tu surpasses mes espérances.

Aglaé *(A part)*. — Mes cheveux ne se sont-ils pas dérangés en dansant.

Mme Pinson *(A part)*. — Un peu, mais ce n'est pas choquant, va.

Aglaé *(A part)*. — Je dois les mettre en ordre. *(Elle va devant le miroir et retouche sa coiffure).*

M. Duroc *(A part)*. — C'est en mon honneur qu'elle essaie de se coiffer ainsi.

M. Jobard *(A part)*. — Il y a, ma foi, trop d'affecterie dans ses manières.

M. Duroc. — Votre élève, M. Gay, vous fait grand honneur.

M. Gay. — Mademoiselle est si bien née pour la danse, qu'elle me rend la tâche facile, je me borne à diriger ses dispositions.

4e SCÈNE

LES MÊMES, M. JOLY, LUCAS.

Lucas (*Ouvrant la porte de la salle*). — M. Joly.

M. Joly. — Mesdames et Messieurs, j'ai l'honneur de vous saluer.

Mme Pinson: — Comment allez-vous, Monsieur ?

M. Joly. — Tout à fait bien, Madame, à présent.

Mme Pinson (*A Lucas*). — Avancez un fauteuil pour M. Joly. (*Lucas obéit et se retire*).

M. Duroc (*Bas à Mme Pinson*). — Ce Monsieur est aussi de la fête ?

Mme Pinson (*Bas à M. Duroc*). — C'était un ami intime de mon mari, je lui dois des égards.

M. Duroc (*A M. Joly*). — Vous avez perdu beaucoup, Monsieur ; si vous étiez venu plus tôt vous auriez applaudi comme nous. Mademoiselle a dansé comme une sylphide.

M. Joly. — Je suis aux regrets d'être arrivé trop tard.

Aglaé. — Vous pourrez du moins, Monsieur, après le diner, m'entendre déclamer des vers et jouer un peu de musique.

M. Joly. — A la bonne heure ; je n'aurai pas tout perdu.

M. Jobard. — Vous ne saviez peut-être pas que c'est la fête de Mademoiselle.

M. Joly. — Excusez-moi, Mademoiselle, j'avais oublié cette circonstance.

M. Jobard. — Vous vivez en philosophe, Monsieur ?

M. Joly. — Je ne saurais vous le dire précisément. Mais les heures passent pour moi avec une rapidité inconcevable.

M. Jobard. — Sous ce rapport, j'ai lieu de vous porter envie, car le temps me pèse énormément, à moi.

M. Joly. — Si la gestion de vos intérêts ne réclame pas vos soins, il y a moyen de tirer parti de vos loisirs; vous pourriez, par exemple, prendre part à de bonnes œuvres qui vous empêcheraient de sentir le poids du temps. Vous pourriez vous associer à des amis de l'humanité qui assistent les malades ou les enfants pauvres des écoles ; à des occupations de ce genre, il n'y a pas d'argent à gagner, mais on y gagne la satisfaction d'être, sous ce rapport, utile à la société. C'est un plaisir qui a son prix et l'on peut le rechercher sans regret.

M. Jobard. — Cela est bon, j'en conviens, c'est même honorable ; mais, voyez-vous, pour le faire, il faut renoncer à ses aises ; s'imposer mille gênes, se mettre en relation avec des gens dont le contact répugne, et leur sacrifier souvent ses goûts, son repos et sa chère liberté. Quant à moi, tant de soins me révoltent, et je ne suis pas pressé de me charger de chaînes que je puis éviter.

M. Joly. — Est-on plus avancé si, pour se dispenser de ces soins-là, on tombe dans les langueurs de l'ennui.

M. Patin (A M. Joly). — Vous êtes donc, Monsieur, un partisan décidé de l'enseignement populaire, et de l'éducation des masses ?...

M. Joly. — Oui, j'avoue que l'instruction m'intéresse au plus haut point. Il me semble qu'il est temps de restreindre le nombre des partisans et des soutiens de l'ignorance. Car, de nos jours, on en trouve encore par-

tout. Il y en a parmi les adhérents aveugles de l'ancien
régime, parmi les idolâtres prôneurs des Bonaparte,
parmi les paysans qu'un dur travail a rendus riches,
parmi ceux que l'industrie, le commerce ou des coups
de Bourse ont rendus millionnaires. Pour avoir acquis
beaucoup d'or, tous ceux-là qui d'abord étaient sans
génie, ne sont pas devenus des aigles. Ils aimeraient
mieux voir la multitude continuer à croupir dans la mi-
sère et l'ignorance que de faciliter à des enfants intelli-
gents et laborieux les moyens d'obtenir par leur savoir
et leurs talents les premiers rangs de la Société auxquels ils ont droit, si l'on consulte la justice et la raison.
Il est incontestable que la diffusion des lumières, en
supprimant une foule d'abus odieux et de mauvaises
lois, produira une grande amélioration dans la généra-
tion qui va venir après nous.

M. Duroc. — Eh bien, à mon avis, une instruction
aussi large et généralisée est peut-être une des utopies
du siècle...

Mᵐᵉ Pinson. — Oh ! messieurs, mettons de côté, s'il
vous plaît, ces discussions-là ; elles sont bien graves
pour des dames.

M. Joly. — Je suis tout disposé, Madame, à vous
obéir.

M. Duroc. — Et moi, je ne m'y prête pas moins
volontiers.

5ᵉ SCÈNE

LES MÊMES, LUCAS.

Lucas. — Madame, la table est servie.

M. Jobard (A part). — C'est à présent que le plaisir
commence pour moi.

Mᵐᵉ Pinson. — Messieurs, allons dîner. Après, ma
fille vous récitera des pages de la *Nouvelle Héloïse*
et de *Lucrèce Borgia*.

M. JOLY (*A part*). — Quels tristes choix pour une fille !

M. DUROC. — *Julie* et *Lucrèce !*... Peste, ce sont des ouvrages fameux ! C'est M. Patin qui les a désignés ?

M. PATIN. — Oh ! non, Monsieur, c'est Mme Pinson, toute seule.

Mme PINSON. — Je les ai préférés parce qu'ils sont écrits avec une verve entraînante, et conformes au goût d'Aglaé.

M. JOLY (*A part*). — Que la pauvre enfant est mal dirigée !

M. DUROC. — Je laisserais de bon cœur le dîner pour l'entendre tout de suite.

M. JOBARD (*A part*). — Je me garderais bien d'une pareille sottise !

AGLAÉ (*A M. Duroc*). — Vous êtes trop indulgent, Monsieur.

Mme PINSON. — Aglaé, donne le bras à M. Duroc.

AGLAÉ (*A M. Duroc*). — Voulez-vous, Monsieur, me donner le bras ?

M. DUROC. — Je suis tout à vous, Mademoiselle.

(*Le couple passe devant*).

Mme PINSON (*A M. Joly*). — Si vous permettez, à nous, à présent.

(*Ils passent*).

M. PATIN (*Bas à M. Lambert*). — Ces Messieurs, à l'exception de M. Joly, m'ont l'air de se moquer de la mère et de la fille.

M. LAMBERT (*Bas à M. Patin*). — Le ton de M. Duroc surtout est plein d'ironie.

M. GAY. — Les grands et les riches ne voient volontiers que des flatteurs.

(*M. Pothier et les maîtres d'Aglaé vont ensemble à la salle du festin.*)

Troisième Acte

1re SCÈNE

Chez Mme Verdier. — Salon très confortable,
sans luxe fastueux.

Mme VERDIER, puis BARDON.

Mme VERDIER (*Vérifiant des comptes*).— J'ai beau me
fatiguer à poursuivre mes recherches, je ne vois pas
comment il nous sera possible de sortir de tant d'embarras. Jamais je ne me suis trouvée dans une position
aussi fâcheuse. Les comptes que j'ai sous les yeux ne
me font que connaître la désolante vérité de notre
fortune exposée au hasard. Voilà où l'imprudence et
la légèreté ont abouti dans une maison où les dépenses
augmentaient tous les mois, tandis que les recettes
diminuaient. La famille a joui pendant des années
d'une grande aisance ; mais tout prend fin, même la
richesse que l'on croyait inépuisable, dès que l'on se
laisser aller à des frais au delà de ses revenus. Je
frémis de penser au désastre qui nous menace...

BARDON (*Survenant tout à coup*). — Madame, si
vous permettez, j'aurai un mot à vous dire... mais je
ne voudrais pas vous déranger......

Mme VERDIER. — Explique-toi donc tout de suite ; je
finirai plus tard mon travail. (*Elle s'approche de lui*).

BARDON (*A part*). Qu'elle est bonne ! — Vous vous
souvenez, Madame, que depuis le temps de feu votre
mari, Dieu veuille avoir son âme......

Mme VERDIER. — ..... Tâche d'abréger, j'ai peu de
temps à moi.

BARDON. — Je voulais vous dire que je fus d'abord
valet de chambre de votre mari, que je me mariai
étant à votre service et que j'ai vieilli chez vous.

Mme VERDIER. — C'est le sort réservé aux domestiques honnêtes et zélés comme toi.

BARDON. — Ah ! pour que cela ait lieu, il faut que les maîtres soient bons aussi. Jamais je n'eus à me plaindre en rien de vous ni de votre mari. Mais les choses ont bien changé.....

Mme VERDIER. — Sachant que les propos légers des domestiques troublent souvent la paix des ménages, quand mon fils se maria, je défendis aux miens de se permettre de pareils écarts ; tu ne l'a pas oublié, je crois. Je pense toujours de même... Va, continue...

BARDON. — J'entends bien... Permettez que je vous dise un mot en faveur de ma Francine.

Mme VERDIER. — Serait-il arrivé quelque chose à ta fille ?

BARDON. — Vous savez comme nous fûmes heureux ma femme et moi de placer cette chère enfant dans la maison, en qualité de femme de chambre de Mlle Aglaé...

Mme VERDIER. — Oui, je la proposai moi-même à ma bru qui l'accepta sur le champ... Est-il survenu quelque accident ?

BARDON. — Oui, Madame, le plus terrible que l'on put imaginer... Ce matin Mme Pinson a mis ma fille à la porte ; et j'en suis au désespoir.

Mme VERDIER. — Peut-être a-t-elle des motifs sérieux .. Je lui parlerai...

BARDON. — Elle n'a pas d'autre motif, Madame, que celui-ci : Mlle Aglaé a été mécontente de sa coiffure ; dans un mouvement de dépit, elle a déchiré une belle robe. Puis, elle en a rejeté la faute sur Francine. La maman a cru sur parole Mlle Aglaé, et a chassé à l'instant de chez elle une pauvre malheureuse à qui l'on n'a jamais eu rien à reprocher.

Mme VERDIER. — Si tel est le fait, prends courage ; de mon côté, je ferai en sorte d'y remédier.

BARDON. — Dans son chagrin, ma fille désolée ne fait que pleurer, et elle n'a pu rien manger aujourd'hui.

Mme VERDIER. — Tâche de te tranquiliser... Tu auras ce soir une réponse décisive.

BARDON. — Je vous remercie, Madame, de tant de bonté. (*Il s'en va*).

2e SCÈNE

Mme VERDIER, M JOLY.

Mme VERDIER — Avant d'en parler à ma bru, je verrai d'abord Aglaé.

M. JOLY (*De l'intérieur, après avoir frappé*). — Peut-on entrer ?

Mme VERDIER. — Oui, Monsieur, sans difficulté.

M. JOLY. — Comment va la santé, Monsieur ?... J'ai été, je l'avoue, bien étonné de votre absence, au dîner de Mme Pinson.

Mme VERDIER. — Sans être malade, je ne me sents pas tout à fait bien. Et puis j'ai connu ce matin que les invités au gala de ma bru ne seraient pas tous à mon gré ; cela m'a déterminé à rester chez moi.

M. JOLY. — Je me suis douté de ce motif de votre absence... Mais nous pouvons nous occuper de choses plus graves... Par une occasion particulière, j'ai reçu de Paris des lettres auxquelles étaient jointes celles que voici, à votre adresse. (*Il présente deux lettres*).

Mme VERDIER. — Avec quelle anxiété j'attendais les nouvelles que ces lettres nous apportent, sans doute... Mais, j'observe qu'il y en a une pour moi, l'autre pour Mme Pinson. Pourquoi n'avez pas remis d'abord celle qui lui est destinée ?

M. JOLY. — Voici pourquoi, Madame. Quand je suis allé chez Mme Pinson, il y avait du monde en conversation avec elle, et comme je craignais de lui apporter une triste nouvelle, je n'ai pas cru devoir troubler une réunion de plaisir en pareil jour.

Mme Verdier (*Après avoir posé sur la table la lettre de Mme Pinson, lit la sienne, puis elle dit*). — Le fatal procès est perdu ! Ah ! Monsieur, j'en avais le pressentiment, et il m'a déjà causé bien du chagrin.

M. Joly. — Je ne saurais vous dire combien je suis sensible à ce malheur... Cette perte cependant ne diminue guère vos revenus, ce me semble. Il ne s'agissait, dit-on, que d'une part dans l'héritage d'une tante de Mme Pinson, n'est-ce pas ?

Mme Verdier. — C'est cela, mais les frais d'un procès qu'il faut soutenir de loin sont considérables. Le coup que cette déplorable affaire nous porte est rude et violent ; mais il nous restera, j'espère, assez d'énergie pour ne pas nous laisser abattre..... Qui sait même si ce désastre ne tournera pas de quelque manière à l'avantage de ma belle-fille ? Elle pourrait avoir même sujet de s'en féliciter ; si pour recouvrer des pertes d'argent, elle se décidait à passer quelques années à la campagne.

M. Joly. — Vous avez là, Madame, une excellente idée ; une idée qui, mise en pratique, peut tout mettre en ordre et tout réparer. Si ceux qui éprouvent des revers de fortune se décidaient de bonne heure au parti de la retraite, à la réforme de certaines habitudes d'existence d'apparat, on ne verrait pas tant de maisons riches passer presque subitement de la gêne, cachée, mais réelle, à la ruine. Mais pour ce qui concerne Mme Pinson, croyez-vous qu'elle se résigne de bon gré à la vie de la campagne.

Mme Verdier. — Au lieu d'être vicieuse au fond, elle a bon cœur ; la vivacité de ses impressions peut nuire quelquefois à son jugement. L'exemple d'autres dames de sa condition et l'autorité, la séduction de la mode ont pu l'entraîner ; mais l'amour qu'elle a pour sa fille, le désir de lui assurer un établissement honorable dans le monde finiront par dissiper les fumées légères de la vanité, quand elle sentira qu'un changement de milieu est le plus sûr moyen de sauver sa chère Aglaé.

M. JOLY. — Il serait à craindre, en effet, que cette jeune fille, si elle n'était pas sous une direction protectrice, ne cédât à l'influence de conseillers dangereux qui assiègent sa personne ou sa fortune.

Mme VERDIER. — Pour ma part, préférant à de vaines richesses, l'accord intime de la famille, et la conduite réglée de chacun de ses membres, je suis faiblement touchée de l'échec qu'elle éprouve à présent, et j'en attends des résultats meilleurs que l'acquisition de l'héritage contesté longtemps avec tant de passion. Ce que je souhaite vivement ce n'est pas de voir Aglaé briller devant une société frivole, mais de la savoir réellement heureuse.

M. JOLY. — Vous devez connaître, sans doute, Madame, grâce à votre expérience, la différence extrême qui existe entre les réalités et les apparences. Quels sont ceux qui brillent, qui ont la vogue à peu près partout? Au lieu de ceux qui ont du savoir, des talents, de la vertu, ce sont ceux qui font étalage des colifichets de la vanité, qui prennent un ton arrogant dans les conversations, qui, à tout propos, chantent leurs louanges et s'empressent de se couronner eux-mêmes. Le mérite est modeste et n'imite pas la jactance des fanfarons, enfants de la Garonne. Par malheur, la jeunesse se laisse prendre aisément à ce ton hardi des évaporés, et le sexe devient souvent leur victime.

Mme VERDIER. — Votre langage, Monsieur, est l'expression de la droiture et de la sagesse ; la censure des travers qui vous choquent incline peut-être du côté de l'inflexible rigueur. N'exagérons pas la sévérité.

Rappelons-nous que la vertu fut toujours, comme le talent, le lot du petit nombre; elle est donc rare, mais il en reste encore sur la terre, Dieu merci. Vous-même en êtes la preuve; et j'ai trop bonne opinion de ma famille pour douter qu'elle sorte avant peu de la voie dangereuse où elle a couru des risques à me faire trembler.

3ᵉ SCÈNE

LES MÊMES, AGLAÉ.

(Aglaé entre et se jette dans les bras de sa grand'mère, en pleurant).

AGLAÉ. — Ah ! grand'maman, que je suis malheureuse !

Mᵐᵉ VERDIER. — Eh ! mon Dieu ! ma fille, pourquoi ces pleurs, ces gémissements ?

AGLAÉ. — Oh ! je n'aurais jamais imaginé une chose pareille !

Mᵐᵉ VERDIER. — Mais enfin de quoi s'agit-il? explique-toi.

AGLAÉ. — Monsieur fut l'ami de mon père... il m'a toujours montré de la bonté... j'espère qu'il aura encore de l'indulgence.

M. JOLY. — N'en doutez pas, Mademoiselle, et rassurez-vous.

Mᵐᵉ VERDIER. — Allons, Aglaé, souviens-toi que Monsieur est bon comme le fut ton père.

AGLAÉ. — Vous savez grand'mère que, avec M. Joly et les maîtres qui me donnent des leçons, nous avons eu à dîner MM. Duroc, Pothier et Jobard... Eh bien ! devant eux, pour obéir à ma mère, j'ai dansé, déclamé et joué sur le piano divers morceaux de musique. Je ne répéterai pas les éloges donnés par eux à mes talents ; leurs compliments étaient si flatteurs et si pompeux que, j'en étais confuse. Eh bien ! ces belles paroles n'étaient qu'hypocrisie et mensonge.

M. Joly. — Dans le commerce du monde, il circule assez de cette fausse monnaie.

Mme Verdier. — Ne va pas les accuser à la légère. Quelles preuves as-tu de leur duplicité ?

Aglaé. – Les voici. Après avoir pris le café, ma mère s'est retirée avec moi dans sa chambre pour se reposer un peu. Mais, comme je n'ai plus l'habitude de dormir dans la journée, je suis retournée douce-ment à la porte de la galerie sur laquelle s'ouvre le salon... Mes maîtres étant partis, ces trois Messieurs restaient seuls et s'étaient mis à jouer au piquet. Bientôt, en jouant, leur conversation se détourna sur moi... Ah ! si vous les aviez entendus alors !

Mme Verdier. — Et que pouvaient dire ces grands flatteurs ?

Aglaé. — Que pleine de sotte vanité, je ne suis, au fond, qu'une petite fille insignifiante ; que pour la dan-se et la déclamation je devrais figurer parmi les cari-catures grotesques... et d'autres propos abomina-bles...

Mme Verdier. — Pauvre Aglaé ! Quels affreux dis-cours tu as entendus !

Aglaé. — Et l'on a dit encore pis.... Oui, M. Du-roc lui-même, lui qui me faisait tant de cajoleries... lui que j'aimais de préférence... il a eu l'effronterie de dire que je me crois jolie... mais que je suis loin de l'être... que plus je grandis, plus je deviens laide... Y a-t-il un mot de vrai dans tout cela ?... Dites-le moi, grand'maman.

Mme Verdier. — Calme-toi, d'abord, calme-toi... Grâce à Dieu, tu n'as pas de défauts dans ta person-ne ; cela suffit, sois bonne, c'est là le point essentiel.

Aglaé. — Voyez jusqu'où va la malice de certaines gens. A leurs critiques envenimées ils ont ajouté que je suis fière, jalouse, frivole, capricieuse, dispensière, destinée à faire le malheur de celui qui commettrait l'imprudence de m'épouser... Croyez-vous, grand' mère, que je mérite des reproches aussi odieux ?

Mme VERDIER. — Écoute, Aglaé : Tu dois comprendre d'abord que tu as commis une indiscrétion en écoutant à la porte ; ta curiosité a été punie. Tu as appris alors que le monde forme un tribunal sévère, qui se passe même quelquefois la fantaisie d'être injuste ; il faut donc éviter son jugement.

AGLAÉ. — On ne peut donc plus avoir confiance en personne.

Mme VERDIER. — Je n'ai pas dit cela, mais seulement qu'il ne faut point croire aux paroles de ceux qui flattent toujours. Un ami sincère, au lieu de nous encenser, prend plutôt soin de nous éclairer sur nos défauts.

M. JOLY. — Vous sentez, Mademoiselle, que c'est une amie qui vous parle.

AGLAÉ. — Oui, Monsieur. Mais vous, grand'mère, me croyez-vous jalouse ?

Mme VERDIER. — Si quelquefois, entendant l'éloge de la beauté ou des talents d'une autre femme, tu as fait remarquer en elle telle ou telle imperfection, quelque témoin de tes critiques a bien pu les prendre pour des signes de jalousie, tendance commune chez les femmes.

AGLAÉ. — Que de choses je sais à présent dont je n'avais nul soupçon.

Mme VERDIER. — Juger nos actions comme si elles nous étaient étrangères, c'est le moyen de connaître nos défauts et de les amender. Prends l'habitude de réfléchir ; tu t'en trouveras bien ; si tu l'avais fait, il ne serait pas arrivé aujourd'hui cet accident fâcheux que, dans le temps même où tu faisais des efforts pour égayer des étrangers, il y avait dans la maison une personne qui, à cause de toi, n'a pas dîné et a passé la journée dans les larmes.

Aglaé. — Francine !... Ah ! j'ai été injuste et méchante envers elle. Qu'on la fasse appeler ; je veux lui demander pardon et lui montrer combien je regrette de l'avoir affligée en l'accusant à tort..... pour une vétille.

Mme Verdier. — Viens, que je t'embrasse, mon enfant. (*Elle vient et reçoit un baiser*). Cet élan spontané prouve un bon cœur. Persévère à l'avenir. Ta mère, cédant à ton désir, a congédié cette bonne fille ; tu dois d'abord la prier de la reprendre à son service.

Aglaé. —- La faute me pèse sur la conscience... Je cours la réparer... Mais voilà que ma mère vient nous rejoindre.

4e SCÈNE

LES MÊMES, Mme PINSON.

Mme Pinson. — Je venais, Madame, vous apporter de bonnes nouvelles; mais j'ai lieu de croire que Aglaé vous a déjà dit combien elle a reçu d'éloges de ces Messieurs.

Aglaé.— Ces éloges, ma mère, m'ont percé le cœur: ce n'étaient qu'impostures et flatteries méprisables.

Mme Pinson. — Est-ce possible !... C'est donc pour cela que tu as pleuré ?

Aglaé.— J'ai entendu ces Messieurs parler *de nous*, quand ils nous croyaient endormies.

Mme Pinson. — Et qu'ont-ils pu dire de mal ?

Aglaé. — Ils se sont émancipés à dire de vous que vous me donnez une éducation frivole, légère, dépourvue de bon sens ; et ils ont dit de moi que je suis une petite créature vaine, capricieuse, jalouse, laide, enfin toute espèce d'horreurs..... Oh ! maman, faites que je ne voie plus des gens de cette espèce, je ne pourrais pas les souffrir.

M. Joly. — Des gens aussi faux profanent le titre d'amis.

Mᵐᵉ Pinson. — Que j'étais loin de leur supposer un si vil caractère ! M. Duroc surtout.....

Aglaé. — Lui !... Il est pire que les autres... N'at-il pas eu l'effronterie, lui, banquier, de se vanter en riant de t'avoir offert des fleurs que lui donna hier au soir la danseuse Fanny !

Mᵐᵒ Verdier. — Quelle audace et quelle impudence ! Vous ne recevrez plus, chez vous, je suppose, cet impertinent freluquet ?

Mᵐᵉ Pinson. — Assurément, je vais lui écrire pour le prévenir que je n'irai point à la promenade qu'il fréquente... Quant aux autres Messieurs, il est difficile de les congédier tout à fait, et...

M. Joly. — Je vous rendrai ce service, Madame, si vous voulez.

Mᵐᵉ Pinson. — Faites-le, Monsieur, je vous en serai très reconnaissante.

M. Joly. — Eh bien, j'y vais à l'instant. (*Il sort à la hâte*).

5ᵉ SCÈNE

Mᵐᵉˢ VERDIER, Mᵐᵉˢ PINSON, AGLAÉ.

Mᵐᵉ Verdier. — Voici, Madame, une lettre de votre homme d'affaires, qui est venue de Paris par une voie particulière.

Mᵐᵉ Pinson. — Dieu merci, je vais savoir enfin l'issue du procès !

Aglaé. — Mère, avant de la lire, accordez-moi une grâce à laquelle j'attache un grand prix, s'il vous

plait... C'est moi seule qui ai eu tort ce matin avec Francine. Elle ne doit pas porter la peine de ma faute. Rappelez-là à la maison et rendez-lui son emploi.

Mme PINSON. — Comme je n'avais pas de reproche à lui faire, si tu es bien aise qu'elle continue son service, dis-lui de ma part que je la reprendrai volontiers.

AGLAÉ. — Je vais vite consoler cette bonne fille. (*Elle sort*).

6e SCÈNE

Mme VERDIER, Mme PINSON.

Mme VERDIER (*Voyant ouvrir la lettre*). — Cette lecture, je la crains, va vous faire de la peine.

Mme PINSON (*Après avoir lu quelques lignes*). — Ah ! mon Dieu ! nous voici donc au jour des accidents funestes !... Avez-vous compris ?... Notre procès est perdu !

Mme VERDIER. — Une lettre personnelle que j'ai reçue m'a tout expliqué.

Mme PINSON. — Mais d'où vient que l'affaire se termine ainsi, lorsque tous les titres me donnaient raison et que mes droits étaient si clairs ?

Mme VERDIER. — Ce sont mystères de la chicane, que je ne comprends point... Le pis encore est que la sentence est sans appel.

Mme PINSON. — Ah ! ce coup affreux me tue ! (*Elle se laisse tomber sur un siège*).

Mme VERDIER. — Allons, ma fille, du courage. C'est à présent qu'il faut montrer l'énergie d'une âme forte... Vous n'aviez pas même commencé à jouir de la fortune de votre tante, vous ne l'aviez qu'en vue... Songez, d'autre part, que votre maison est assez pourvue de biens, pour n'éprouver aucune privation grave ; si elle ressent un peu de gêne, l'économie, en un an ou deux, aura tout réparé ; ne le pensez-vous pas ?

M. Pinson. — Hélas ! Le mal est plus sérieux qu'il ne paraît... voyez ce que l'on m'écrit. (*Elle lui passe la lettre*). Entre les frais du procès, les voyages, le séjour de l'avocat à Paris, ma perte monte à près de 40,000 francs..... et ce n'est pas tout.....

Mme Verdier. — Comment ! Il y a encore d'autres dettes !

Mme Pinson. — Ah ! il n'est plus possible de cacher les miennes !

Mme Verdier. — Vos dettes !... Oh ciel ! Que viens-je d'entendre ! vous avez des dettes !... si vos cinq cents francs de rente par mois, ne suffisaient pas, pourquoi ne m'avez-vous point demandé, à moi, les fonds dont vous aviez besoin ?

Mme Pinson. — Ah ! je suis mille fois condamnable !... Que de reproches me fait ma conscience ! C'est à présent que le regret de mes erreurs et de mes fautes me met à la torture... et c'est ce qui me désespère.

Mme Verdier. — Tâchez de vous calmer et ne vous livrez pas ainsi au découragement, tandis que je suis là pour vous soutenir et vous assister dans la mauvaise fortune comme dans la prospérité; osez compter sur l'affection d'une véritable amie.

Mme Pinson. — Vos bonnes paroles me rendent l'espérance dont j'ai si grand besoin. Confiante dans votre généreuse pitié, j'y puise la force de vous faire un aveu complet de mon imprudence... Il me reste encore à payer une dette de 6,000 francs !

Mme Verdier. — 6,000 francs ! Cet emprunt était-il bien nécessaire, inévitable ?

Mme Pinson. — Inévitable, oui... A la fin du dernier carnaval, je me laissai entraîner au jeu... j'y gagnai, mais bientôt, outre mon gain, je perdis 1,500 francs, qu'il fallait acquitter tout de suite.

Mᵐᵉ Verdier. — Et qui vous procura l'argent ?

Mᵐᵉ Pinson. — Le Dʳ Pothier me le fit avoir, mais à un intérêt de 15 0/0.

Mᵐᵉ Verdier. — Il a joué un beau rôle, cet avocat, ce conseil de notre famille !... Prêter à un taux si exhorbitant ! C'est vil !

Mᵐᵉ Pinson. — Tandis que j'avais la tête perdue, je fis remonter mes bijoux et renouveler en partie mon mobilier ; j'achetai des objets d'art, des chinoiseries comme on en voit dans les maisons riches... Ces dépenses ne me causaient pas d'inquiétude tant je comptais sur le riche héritage qui allait m'échoir !... A présent, voyez ma cruelle détresse ; en face d'engagements sérieux à remplir, je reste les mains vides !... Quel serait mon sort, si vous me refusiez votre appui ?... Je n'ose y penser.....

Mᵐᵉ Verdier. — Ma chère fille, je n'oublie pas que vous avez été la tendre et fidèle compagne de mon fils ; ici mon devoir n'est pas d'aggraver votre malheur, mais de le plaindre et de vous soulager. Le souvenir des tribulations par lesquelles vous passez, servira, sans doute, à vous convaincre que la richesse consiste moins dans les capitaux considérables que dans le soin de régler ses désirs et de mesurer ses dépenses sur les moyens dont on dispose.

Mᵐᵉ Pinson. — Ah ! comme je comprends bien à présent la sagesse de vos réflexions ! et comme je suis confuse de le reconnaitre si tard ! Plût à Dieu qu'il me fut permis de retourner en arrière ! Quel soin d'éviter les pièges de la malice et les illusions de la vanité. Inutiles désirs ! hélas ! Il n'est plus pour moi de bonheur dans la vie.

Mᵐᵉ Verdier. — Gardez-vous, ma fille, de vous laisser aller à des écarts d'imagination qui vous empêchent de voir la situation où vous êtes, et de compter ce qui vous reste de ressources... Soyez sûre que, tant que le cœur est bon, et il est ainsi du moment qu'il n'est pas coupable, il a droit encore au bonheur. Et puis, tenez pour certain qu'il est plus facile d'en jouir avec une fortune modeste qu'au milieu du faste et des vices qui accompagnent la richesse.

Mme PINSON. — Vos bonnes paroles sont un baume qui me ranime et me fortifie ; mais par quel moyen puis-je réparer mes torts ?

Mme VERDIER. — Il en est un dont je garantis le succès infaillible ; il dépend de vous ; pour le mettre en pratique, il faudrait rompre avec le genre de vie auquel vous vous étiez accoutumée dans ces derniers temps.

Mme PINSON. — Pour conserver l'estime des personnes honnêtes, je suis prête à toute espèce de sacrifice.

Mme VERDIER (*A part* : Bon ! si elle a été légère, elle n'est pas pervertie). — En ce cas, voici comment il convient de procéder : 1° supprimer les frais inutiles ; 2° observer pendant quelques ans une économie sévère.

Mme PINSON. — Je renonce à la voiture... Pourrais-je faire mes visites à pied ?... Il voudrait peut-être mieux diminuer le luxe de la table... Le nombre des domestiques... Enfin nous y penserons...

Mme VERDIER. — Puisque vous êtes prête à sortir d'une situation qui vous pèse et vous excède, vous ne devez pas vous arrêter à des demi-mesures. Il s'agit d'une réforme réelle, seule efficace. Il convient d'adopter un genre de vie qui vous mette à l'abri des tentations et des occasions de rechute ; en un mot, il faut quitter la ville... Allons nous établir à la campagne dans celle de mes propriétés qui vous est le plus agréable... vos dettes seront payées je m'en charge... et nous aurons encore de beaux jours.

Mᵐᵉ Pɪɴsoɴ. — Ah! vous me rendez la vie! (*Elle l'embrasse*).

Mᵐᵉ Vᴇʀᴅɪᴇʀ. — Je suis d'avis que nous partions demain au soir, après que j'aurai réglé les questions d'intérêt qui vous concernent.

Mᵐᵉ Pɪɴsoɴ. — J'accepte volontiers la proposition et j'en suis reconnaissante.

7ᵉ SCÈNE

LES MÊMES, AGLAÉ, FRANCINE, puis M. JOLY.

Mᵐᵉ Vᴇʀᴅɪᴇʀ (*A part*).— Tout est arrangé... Le ciel en soit béni !

Aɢʟᴀᴇ. — Maman, voici Francine qui vient vous remercier.

Fʀᴀɴᴄɪɴᴇ. — Je suis heureuse, Madame, de savoir que vous êtes contente de moi.

Mᵐᵉ Pɪɴsoɴ. — Tu es une bonne fille et je tiens à te garder à la maison.

Fʀᴀɴᴄɪɴᴇ. — Je suis flattée de cet honneur, Madame. Je vous remercie.

Aɢʟᴀᴇ. — Pourra-t-elle te servir, mère, si elle dort dans ma chambre.

Mᵐᵉ Pɪɴsoɴ. — Nous partons demain pour la campagne, où ce point sera réglé.

Aɢʟᴀᴇ. — Passerez-vous longtemps à la campagne ; n'y aurez-vous point d'ennui ?... .

Mᵐᵉ Pɪɴsoɴ (*A part*).— Ne me rappelle point, Aglaé des habitudes de dissipation qui me font du chagrin. (*Elle soupire*).

M. Jᴏʟʏ (*Entrant, à Mᵐᵉ Pinson*). — Madame, vos ordres ont été exécutés. Ces trois Messieurs vous font leurs compliments ; ils se proposent de vous revoir demain à l'heure de vos réunions.

Mme Pinson. — Merci, Monsieur, de votre amicale obligeance. Quant à ces Messieurs, nous ne les recevrons point demain, étant nous-mêmes à la campagne. Au lieu de nos personnes, ils trouveront un billet demain chez le portier... (*A Mme Verdier*) Puisque vous voulez bien en prendre la peine, je vous prie de voir en mon nom l'Institutrice dont vous m'avez parlé et de l'arrêter.

Mme Verdier. — Les sages dispositions que vous venez de prendre me persuadent que le séjour de la campagne aura pour vous de l'agrément... Il sera de plus très favorable à notre chère Aglaé, qui pourra continuer le perfectionnement de son éducation sans distraction futile, loin des vices brillants et des flatteries perfides. C'est ainsi qu'elle deviendra une femme de bon sens et de vertu solide, tout à fait digne d'être comptée parmi celles qui font la gloire de la société et le bonheur de la famille.

L'AGENCE MATRIMONIALE

PERSONNAGES :

M. ZÉNON JOBARD, rentier, 28 ans.
M. EMILE CUGNET, chef de l'agence, 46 ans.
Mlle LAIGUILLON, mercière, 24 ans.
Mlle FINETTE, danseuse, 23 ans.
Mlle AGNÈS, rentière devote, 26 ans.
Mlle GODIVEAU, bouchère à son aise, 24 ans.
Mlle BREDOUILLE, orpheline riche, 18 ans.
Mme POMPETTE, veuve à son aise, 22 ans.
FARFADET, valet de M. Jobard.
JEROME, portier de la maison.
Quatre témoins.

Le fait se passe à Lyon.

1re SCÈNE

Sur la place de Saint-Jean, à gauche de l'Eglise, on voit une maison de deux étages, d'assez belle apparence ; les cinq fenêtres sur la rue ont des contre-vents verts. Comme la porte cochère, elles sont fermées. Autour du logis et dans l'intérieur, on n'entend aucun bruit.

(M. Jobard, mis avec élégance, a son binocle suspendu au cou ; Farfadet porte un costume de fantaisie. Arrivés sur la place, ils s'arrêtent un moment, vis-à-vis de l'Agence).

FARFADET (*D'abord a l'air pensif. . puis s'adressant à son maître*). — Ainsi, Monsieur, c'est bien décidé, vous voulez renoncer à la vie de célibataire ?

M. JOBARD. — Ma foi, oui ; je ne vois pas pourquoi j'attendrais encore.

FARFADET. — C'est que, voyez-vous, l'affaire est sérieuse : une fois engagé, il n'y a plus à badiner ; il faut tenir sa parole. Si, plus tard des regrets......

M. Jobard. — Si j'en ai, c'est d'avoir trop longtemps différé... oui, je me reproche d'avoir perdu une demi-douzaine d'années que le mariage m'eut fait mettre à profit... Combien de fois, dans les jours d'ennui, ne me suis-je pas dit : « Eh ! marie-toi donc, Jobard !... » Il faut avouer qu'une petite femme gentille tient l'homme en joie... Et puis ne fait-elle pas la prospérité de la maison ?

Farfadet. — Oui, Monsieur, c'est vrai ; quand elle n'y apporte pas le trouble ou qu'elle ne la ruine pas... Quant à moi, je me souviens d'avoir vu assez souvent qu'avec les femmes les dépenses vont d'un train.....

M. Jobard (*L'interrompant*). — Quelquefois... Je ne dis pas non. C'est aussi pour cela que je ne me suis pas pressé. Quand on a de la fortune comme moi, on a bien le droit, ce me semble, de choisir entre les femmes à marier. Je serai coulant sur cet article, et je veux arriver à la conclusion du mariage, dès que je trouverai chez une femme santé, beauté, vertu et fortune honnête.

Farfadet. — Vous demandez si peu, que vous allez rencontrer tout de suite ce qu'il vous faut : il y a aujourd'hui tant de femmes qui ne laissent rien à désirer !

M. Jobard. — Je le crois, et je compte y réussir dans cette maison-là.

Farfadet. — L'homme d'esprit qui la créée s'est proposé de servir la société, en se mettant à la disposition des filles nubiles et des veuves qui ont besoin d'un mari. Il est en mesure de vous offrir des sujets de toute couleur et de tout calibre. Sérieux et à cheval sur les principes, il ne souffre chez lui aucun désordre. Il convient de lui parler avec réserve.

M. Jobard. — J'aurai soin de ne pas l'oublier.

Farfadet. — Du reste, je présume qu'il va, pour ne

pas vous faire languir, exhiber sans retard ce qu'il a de mieux chez lui, où les demandes abondent.

M. Jobard. — S'il a de quoi contenter tous les goûts, c'est merveilleux. Tire la sonnette.

Farfadet. — Il n'y en pas, Monsieur.

M. Jobard. — Est-ce que il n'y a pas de portier, non plus ?

Farfadet. — Oh ! certes, il y en a un. C'est un gros rustaud qui gagne sa vie sans se fouler la rate ; outre qu'il est nourri comme un chanoine, il reçoit du patron de bons gages, et, pour ses étrennes, chacun des clients lui paye un écu pour le droit de passage.

M. Jobard. — Et faut-il encore payer à la sortie ?

Farfadet. — S'il n'a pas été conclu d'affaire, le portier perçoit cinq francs.

M. Jobard. — Et qu'exige-t-il de ceux qui ont trouvé chaussure à leur pied ?

Farfadet. — A ceux-là, il ne leur demande rien du tout.

M. Jobard. — Et bien, ma foi, j'aurais cru justement le contraire.

Farfadet. — C'est la règle du local. Le patron se ferait un cas de conscience d'exiger une rétribution du galant homme qui se retire de là chargé d'une femme.

M. Jobard. — Allons, tâche de garder pour toi tes méchants quolibets, et fais que l'on nous ouvre la porte.

Farfadet (A part). — Au coup que je vais frapper, toutes les souris du quartier vont se sauver. (Il frappe fort).

2e SCÈNE

LES MÊMES, JÉROME.

JÉRÔME (*Par le guichet entr'ouvert*). — Qui est-là ?

FARFADET. — Amis... Ouvrez... Nous affaire ici...

JÉRÔME (*Sur le seuil de la porte*). — Entrez, Messieurs. (*Dans le vestibule*) Si vous voulez bien attendre un instant, je vais vous annoncer au patron.

FARFADET. — Allez et dites-lui que je viens avec un client qu'il ne sera pas fâché de connaître.

JÉRÔME (*La porte est fermée. Après avoir bien regardé Farfadet*). — Ah ! je vous reconnais à présent ; nous nous sommes déjà vus.

M. JOBARD. — Je pense que vous ne m'oublierez pas non plus, moi.

JÉRÔME. — Monsieur, je suis tout à votre service. (*Il fait un mouvement de retraite*).

FARFADET (*Vivement et bas à M. Jobard*). — Monsieur n'oubliez pas l'étrenne. Ici, c'est la consigne.

(*Jérôme s'éloigne*).

M. JOBARD. — Il a l'air d'un brave homme... il aura dix francs.

FARFADET. — Il est même si poli qu'il ne vous ferait pas mauvais visage pour avoir doublé la somme.

M. JOBARD. — Dans les circonstances comme celle-ci pense-t-on aux frais ?

FARFADET. — On n'y pense pas... (*A part :* Aussi combien il y en a d'attrapés !...)

(*Après un moment d'absence, le portier revient et, leur ouvrant une porte, du côté droit, à l'intérieur*).

JÉRÔME. — Entrez, Messieurs, s'il vous plaît.

M. JOBARD (*Lui offrant de l'argent*). — Tenez voici, pour vous.

JÉRÔME (*Avec un geste de refus*). — Oh ! Monsieur, je n'oserais pas.....

M. Jobard (*Insistant*). — Eh ! ne faites pas tant de façons... Voyons, prenez...

Jérôme (*Acceptant*). — C'est pour vous obéir, Monsieur ; merci de vos bontés. (*Il sort*).

3ᵉ SCÈNE

Salon meublé avec tapis, fauteuils, table, pendule et glace. Une porte de sortie à gauche. Lorsque M. Jobard et Farfadet entrent par la porte à droite, le chef du logis, debout près de la cheminée, s'occupe à lire une lettre... Il est en robe de chambre à ramages, en lunettes, et porte une toque de velours vert avec un gland de fils d'or.

MM. JOBARD, CUGNET, FARFADET.

Farfadet. — J'ai bien l'honneur de vous saluer, Monsieur.

M. Cugnet. — Bonjour, mon ami. Quel bon vent vous amène par ici ?

Farfadet. — Le désir de procurer à Monsieur une bonne femme, puisque le diable lui a mis en tête de se marier.

M. Cugnet (*Après avoir attentivement observé M. Jobard*). — Eh ! qu'osez-vous dire là ? Cette idée n'est pas du tout mauvaise. Il serait plus juste de la regarder comme une inspiration du ciel. Car enfin qu'y a-t-il de plus beau que le mariage ? Il est la cause de la prospérité universelle ; il fait régner partout l'ordre et le contentement et, en multipliant les familles, il en perpétue la durée. C'est en vérité, la plus belle des inventions... Monsieur sera, je pense, du même avis.

M. Jobard. — Le célibat, avec l'indépendance qu'il semble assurer à la jeunesse légère et fougueuse, a pour elle des séductions qui la charment et l'entraînent. Mais il est souvent accompagné de tant d'ennuis, de déceptions et de tracasseries que l'homme de bon sens

humilié, doit finir par s'en dégoûter et chercher un
port où il soit à l'abri des orages. Voilà où j'en suis; à
présent,le mariage est mon but ; il mettra, je l'espère,
un terme à mes irrésolutions, et si vous me prêtez
votre aide, vous me ferez plaisir.

M. Cugnet. — C'est à moi, Monsieur, de vous remercier de la confiance que vous voulez bien m'ac-
corder dans cette circonstance décisive... Eh bien !
nous allons, nous occuper tout de suite de l'affaire
qui vous concerne... Mais d'abord, permettez-moi de
vous bien voir de face et de profil. (*Il l'examine de
nouveau*).... Eh ! ma foi, la figure n'est pas mal ; le
teint est bon... la taille avantageuse ; les membres
bien proportionnés et tous en bon état, sans doute...
Pour s'assortir, je présume qu'une femme bien en
chair, de tempérament solide, et haute de 170 centi-
mètres trouverait là son affaire.

Farfadet.— Oh ! lors même qu'elle en serait moins
haute, Monsieur s'en accommoderait encore, je suppose, s'il mettait en pratique ce proverbe: *Des maux
il faut choisir le moindre.*

M. Jobard. — Veux-tu bien retenir ta langue, mauvais plaisant !

M. Cugnet. — Monsieur, une femme vive, intelligente, laborieuse, vous irait-elle ?

M. Jobard. — Eh ! eh ! ces qualités ne sont pas à
dédaigner.

M. Cugnet.— En ce cas, prenez la peine de jeter les
yeux sur le groupe que je vais vous présenter. (*Il tire
le cordon d'une sonnette*). La porte de la pièce voisine
s'ouvre, et l'on voit dans l'intérieur trois jolies demoiselles, de 15 à 16 ans, occupées à coudre, à tricoter,
à broder, en silence. (*A M. Jobard*) Comment les
trouvez-vous ?

M. Jobard. — Toutes sont habillées avec goût, sont

bien coiffées, ont une physionomie très avenante, mais, à vrai dire, on les prendrait pour des enfants qui sont encore à l'école.

M. Cugnet. — On peut vous en faire voir de plus mûres... Si celles-ci vous paraissent d'un extérieur trop enfantin, je vais vous en montrer une dont le caractère vif et décidé a de quoi plaire. C'est d'ailleurs une excellente personne, fort appréciée de tout son voisinage ; enfin elle possède, près de l'église de St-Pothin, une mercerie des plus achalandées et en pleine prospérité. (S'approchant de la porte à gauche, il appelle : Mlle Laiguillon, voudriez-vous passer ici ?)

4e SCÈNE

LES MÊMES, Mlle LAIGUILLON.

(La jeune fille a l'œil vif, le teint animé, la taille haute, le tempérament robuste. On lui donnerait de 22 à 24 ans, sa mise est celle d'une modeste ouvrière endimanchée.)

Mlle Laiguillon (A M. Cugnet). — Me voici prête à vous entendre, Monsieur.

M. Cugnet. — Je vous ai appelée, Mademoiselle, pour voir s'il y a moyen de....

Mlle Laiguillon (Après avoir bien regardé Farfadet). — Ah ! du premier coup, je suis au fait... Je devine qu'il s'agit de ce bon sujet. ..

Farfadet. — De moi ! Dieu m'en garde !... J'en suis bien loin....

M^le Laiguillon (Se tournant vers M. Jobard). — C'est donc Monsieur qui veut... ?

Farfadet. — C'est lui, Mademoiselle, c'est lui en corps et âme.

Mlle Laiguillon. — Eh bien !... c'est dommage ?

M. Cugnet. — Pourquoi, je vous prie, serait-ce dommage ?

Mlle Laiguillon. — C'est que, a le voir, on croirait qu'il est marié ; il a une prestance si imposante ! une vraie tournure de papa.

M. Jobard. — J'ai toujours eu, il est vrai, Mademoiselle, la vocation du mariage, mais je ne m'y suis pas engagé ; vous voyez donc en moi un homme absolument libre.

Mlle Laiguillon. — S'il ne tient qu'à vous, Monsieur, de prendre un parti tout de suite...

Farfadet. — On le prendra, sûrement, mais pas si vite ; de fait, nous sommes venus plutôt pour voir que pour.....

Mlle Laiguillon. — Eh ! mon Dieu, à quoi servent tant de façons et de propos ?... Je n'y vois qu'un perte de temps et je n'en perds jamais sans regret... Aussi, j'aime que l'on aille rondement et directement au but, en traitant d'une affaire.—(A M. Jobard) C'est à vous de voir, Monsieur, si ma méthode vous va... vous avez besoin et vous désirez de me connaître. Rien de plus juste et de plus naturel : à l'instant même et sans grandes phrases, je vais vous satisfaire. Tout le monde s'accorde à dire que mon caractère est des meilleurs ; je n'ai pas à insister là-dessus... Quant à mes prétentions, en me mariant, elles me semblent assez modérées et je vous en fais juge... Une fois mariée, je serai contente si, mon mari joignant son avoir au mien, je puis, comme à présent, avoir beaucoup de linge, de rubans, de robes, de chapeaux ; je serai bien aise aussi de voir de bons plats sur ma table et de n'être pas traitée comme un esclave... oh ! ça je ne le souffrirais jamais.....

Farfadet..... Vous oubliez, ce me semble, une autre chose dont vous auriez besoin.

Mlle LAIGUILLON. — De quoi, Monsieur, s'il vous plaît ?

FARFADET. — Eh ! parbleu... de coups de bâton....

M. JOBARD. — Je suis bien éloigné de penser ainsi. Mademoiselle avec son franc parler, sa vivacité, sa pétulance même, ne me déplairait pas, à moi. C'est une femme auprès de laquelle on passerait, j'en suis sûr, des moments agréables.

Mlle LAIGUILLON. — Ai-je vraiment eu, Monsieur, le bonheur de vous plaire ?

M. JOBARD. — Oui, Mademoiselle, beaucoup, sur ma parole.

Mlle LAIGUILLON. — C'est fâcheux, car, quoique vous soyez un bel homme, je ne suis pas éprise encore... (*Se tournant vers M. Cugnet*) Vous, Monsieur, dont la maison est suffisamment assortie, présentez à Monsieur une petite maîtresse bien parfumée, tirée à quatre épingles, ornée de perles fines et de bijoux ou une rusée commère, habile à déguiser ses sentiments, à dissimuler ses pensées, comme à cacher ses escapades de Sainte Nitouche. L'une ou l'autre lui conviendra mieux que moi. (*Elle fait une révérence et sort*).

5e SCÈNE

MM. JOBARD, CUGNET, FARFADET.

FARFADET. — Pour le coup, en voilà une qui n'a pas la langue dans sa poche !... Comme elle dit vivement à chacun son fait ! Il faut convenir qu'elle est gentiment tournée ; mais quel salpêtre !... Avec cela pourtant nous sommes loin d'en finir. Quel parti prendre ?

M. CUGNET. — Celui de la patience d'abord. Vous verrez que tout finira par s'arranger.

M. JOBARD. — Je compte sur vous à cet égard. Veuillez donc me mettre en rapport avec une personne qui me convienne.

M. CUGNET.— Soyez tranquille ; nous y parviendrons à souhait... (*Après un moment de réflexion*) Ne seriez-vous pas bien aise d'avoir pour compagne une jeune veuve, de famille noble, instruite et bien élevée, avec un joli patrimoine ?

M. JOBARD. — Oh ! je serais charmé de la posséder !

M. CUGNET (*Appelant par la porte entrebaillée*). — Si Mᵐᵉ Pompette est là, je la prie de venir un instant.

6ᵉ SCÈNE

LES MÊMES, Mᵐᵉ POMPETTE.

Mᵐᵉ POMPETTE (*Costume brillant... Allures fort dégagées*). — Me voici, Monsieur. Veuillez me dire de quoi il s'agit.

M. CUGNET. — Monsieur que voici m'honore de sa confiance, et il désire...

Mᵐᵉ POMPETTE. — Ah ! Monsieur veut s'enrôler sous le drapeau de l'Hymen !

M. CUGNET. — Regardez bien, méditez, vous direz ensuite votre opinion.

Mᵐᵉ POMPETTE. — Si jadis un sage, avec une lanterne en main, chercha longtemps un homme, sans pouvoir le trouver...

FARFADET. — Oh ! ce n'était pas un sage, c'était un simple toqué... S'il s'était mis à chercher des femmes il n'aurait pas tardé à faire une trouvaille. Car elles ne furent jamais rares.

Mᵐᵉ POMPETTE. — De hautes pensées, comme les miennes, sont au-dessus de la portée des petits esprits.

— Tais-toi donc, farceur. Si, dis-je, un sage avec tous ses soins, ne put découvrir un homme, comment puis-je moi, simple femme, connaître un homme que je n'ai jammais vu ?... L'homme, d'après les fables de Ménandre, les comédies de Phèdre et les tragédies de Cicéron, est une énigme...

FARFADET. — De grâce, Madame, ménagez votre poitrine... et nos oreilles. Nous savons déjà que l'homme est fort imparfait... Dites-nous, donc plutôt ce qu'est la femme ; oui la femme dont la définition ne se trouve ni dans les gros livres des savants ni dans les romances que chantent les aveugles sur les places publiques. Qu'est-ce que la femme ? Le savez-vous ?

Mᵐᵉ POMPETTE. — Oh ! la femme est la production la plus douce, la plus précieuse, la plus charmante de la nature, le chef-d'œuvre le plus accompli, le plus merveilleux de la sagesse divine. Et c'est elle à son tour qui produit ce qu'il y a de plus admirable au monde, puis qu'elle fait les hommes. C'est elle qui avec la vie, leur donne l'éducation première et les plus tendres leçons, et puis, quelles délicieuses caresses à ses enfants et au mari qu'elle aime !...

FARFADET. — Tout cela est vrai ; mais si les femmes savent parfaitement nous cajoler, elles ne sont pas moins habiles à nous attraper...

M. JOBARD. — Halte-là ! Farfadet. Point de paroles malsonnantes. Personne ici ne veut de dispute... Je cherche une épouse... si le parti me convient, tope là ! Sinon, bonsoir !... Il n'y a rien de fait.

Mᵐᵉ POMPETTE. — Voilà un style clair et net, Monsieur. De mon coté, je ne serai pas moins franche, et je vous dirai : si vous avez quelque érudition, ma main, mon cœur, ma fortune et ma vie sont à vous ; si vous n'en avez pas.....

M. JOBARD. — Je suis trop habitué, Madame, à dire la vérité pour ne pas avouer que je suis tout uniment ce qu'on appelle un *bon bourgeois* ; c'est vous dire que l'érudition n'est pas mon fort.

Mme Pompette. — Mais vous avez été au collège, vous savez un peu de latin?

M. Jobard. — Pas un mot, Madame; sans savoir du latin, mes parents, laborieux et honnêtes, travaillèrent plus de 20 ans à gagner de bonnes rentes. Fils unique j'ai reçu leur héritage, et je tâche de m'en faire honneur, sans regretter le latin dont je puis me passer.

Mme Pompette. — Cela étant, Monsieur, permettez que je me retire. (*Elle salue et sort*).

7e SCÈNE

MM. JOBARD, CUGNET, FARFADET.

Farfadet. — En vérité, cette dame avec ses énigmes et cette belle fille avec son air déluré font un constraste original et piquant.

M. Cugnet. — Votre entrevue avec elles a été trop courte pour que vous puissiez les bien juger. Si vous les connaissiez mieux, vous en auriez une meilleure opinion. En général, on reconnait en elles un vrai mérite. Mlle Laiguillon dirige son commerce de manière à augmenter de beaucoup, tous les ans, son capital. Et Mme Pompette fait un très bon usage de la jolie fortune qu'elle tient de sa famille et de son premier mari. Quant à leur réputation, elle est sans reproche ; et vous avez pu voir que leur conversation, malgré sa vivacité un peu brusque, ne manque pas d'agréments.

M. Jobard. — Il se peut que mieux instruits, nous leur rendions plus de justice... En attendant, je vous serais obligé si vouliez nous en faire voir quelque autre.

M. Cugnet.— Je suis à vos ordres, Monsieur. Puissé-je réussir à vous contenter. (*Entre-bâillant la porte de la pièce voisine*) Jérôme, faites savoir à Mlles Finette, Agnès, Bredouille que je les attends au salon.

8e SCÈNE

LES MÊMES, Mlles FINETTE, AGNÈS, BREDOUILLE.

M. Jobard (*S'approchant de Mlle Bredouille*). — Mademoiselle, j'ai l'honneur d'être.....

Mlle Bredouille (*Avec émotion*). — Mon-on bon, bon Monsieur, si vous-vous dé-dé-sirez.....

M. Cugnet (*A M. Jobard*). — Monsieur, soyez indulgent, je vous prie. Cette jeune fille est bègue...

Farfadet (*A part*). — Fameuse aubaine pour un mari ; et qui serait encore meilleure si la jouvencelle était muette.

M. Jobard (*L'ayant entendu*). — Eh ! prends-la vite, si elle te plaît.

Farfadet. — Je ne suis pas pressé d'épouser. Pour dépenser mes revenus, je n'ai pas besoin que l'on m'aide.

M. Jobard (*A part*).— Voyons sa voisine. (*A Finette*) Q'avez-vous, Mademoiselle ?

Finette (*Après l'avoir regardé avec admiration*). — O ciel ! le bel homme ! Êtes-vous comte ou marquis !... Et le ruban de votre chapeau est-il de soie ou de laine. (*Elle lui ôte le chapeau de la main, pour s'en assurer*).

M. Jobard (*A part*).— Eh bien ! Elle n'est pas gênée, celle-là, au moins... Serais-je dans un guêpier ?... Voyons un peu cette autre là...(*Il s'approche d'Agnès*).

Mlle Agnès (*Les yeux fixés à terre*). — Qui est-ce qui demande *mon bras* ici ?

M. Jobard. — Relevez la tête, s'il vous plaît, Mademoiselle, vous le verrez...

Mlle Agnès. — S'il le faut absolument, je le ferai par obéissance.

Farfadet (*A part*). — Voilà une fine béate, faite pour duper un mari.

M. Jobard (*A part* : Peste ! quelle modestie de nonne !...) — Dites-moi, qu'êtes-vous, Mademoiselle ?

Mlle Agnès. — Un pauvre ver de terre qui, méditant, sur son origine et sur sa fin dernière, passe ses jours dans la crainte de Dieu.

M. Jobard. — Mais, pour que l'on vous voie, relevez la tête, je vous en prie.

Mlle Agnès. — Que cette contrainte me fait souffrir !... Ciel, assiste-moi !

M. Jobard. — Mais enfin, Mademoiselle, que craignez-vous ici ?

Mlle Agnès. — J'ai peur, Monsieur, en voyant des hommes si près de moi.

M. Jobard. — Avec vous, il ne faut donc point parler de mariage ?

Mlle Agnès. — Qu'est-ce que le mariage ?

Finette. — Ecoute, Agnès, moi, qui en ai vu trois ou quatre, je vais te le dire : Manger, boire, danser, en un mot faire la noce avec une quantité de parents et d'amis, voilà le mariage.

Mlle Bredouille (*Toute riante et folâtre, s'adressant à M. Jobard*). — Mon bon-bon Mon-sieur, si vous-vous dé-désirez...

Farfadet. — Eh ! Mademoiselle, vous devenez bien gaie !... Est-ce que vous êtes au courant de ces choses-là, vous ?

Mlle Bredouille. — Ah ! si vous dé-sirez... (*Elle se met à danser*).

Mlle Agnès. — S'il ne s'agit que de cela, je tâcherai d'obtenir de Dieu la grâce de me résoudre au sacrifice qui me sera demandé... J'espère en sa miséricorde.

M. Jobard. — Eh bien ! Farfadet, où m'as-tu amené, maraud ?

Farfadet. — C'est visible : dans un local où il y a des femmes à choisir.

M. Jobard. — Quel choix puis-je faire, si chacune a son grain de folie ?

Farfadet. — Quand vous verriez toutes celles de Lyon, ce serait comme ici.

M. Jobard. — Si tu dis vrai, tant pis... En ce cas, adieu au mariage.

Farfadet. — C'est pour vous amener à cette réflexion que je vous ai engagé à cette démarche. Car, soyez assuré qu'il n'y aurait pas de tous côtés tant de haines, de querelles, de procès, tant de vitriol de répandu, tant de coup de revolvers tirés, enfin tant de ménages en désarroi et de familles piteusement fricassées, si ceux qui se marient avaient soin de se connaître l'un l'autre avant de s'unir.

M. Jobard. — J'en tombe d'accord... (*A M. Cugnet*) Monsieur, je vous salue.

M. Cugnet. — Halte-là, Monsieur... vous devez savoir que l'on ne quitte pas ainsi ma maison. Celui qui entre doit en sortir marié... C'est le but de l'institution.

M. Jobard. — Comment !... qu'osez-vous dire ? Moi ! marié par force !

Farfadet. — Bigre ! en voilà une sévère !

M. Cugnet. — Les grands mots sont ici sans effet... venus chez moi pour le mariage, vous ne sortirez que mariés.

Farfadet. — Vous dites que j'avais l'intention d'épouser !.. Quelle lubie !

M. Cugnet. — Ne fais pas tant le renchéri... On se souviens que tu as dit que tu en tenais pour la bègue, et, dût-il m'en coûter quelque chose, elle sera à toi.

Mᴵᴵᵉ Bredouille (*Courant vers Farfadet pour l'em-*

brasser). — Mon bon bon ami, oh ! viens, ça, viens, viens.

Farfadet (*Esquivant l'accolade*). — Merci de votre tendresse, la belle.

Finette (*Devant un miroir*). — Je suis à vous, Monsieur, dès que mes cheveux seront en ordre.

M. Jobard. — Quel ennui !... Pas moyen de faire ici un mariage sortable !

M. Cugnet. — Il y en a de reste, au contraire, et il nous vient encore du renfort. (*Il tire le cordon de la sonnette.*)

9e SCÈNE

LES MÊMES, Mᵐᵉˢ POMPETTE, Mᵐˡˡᵉ GODIVEAU, LAIGUILLON.

Mˡˡᵉ Godiveau (*Vient en courant*). — Ah ! Dieu merci, mon tour est enfin venu ; N'est-ce pas, M. Cugnet ?

M. Cugnet. — Adressez-vous à Monsieur, qui veut épouser une femme de bonne mine et de poids.

Mˡˡᵉ Godiveau. — Monsieur, peut compter que le jour de la noce je lui servirai une fricassée dont on se léchera les doigts ; et vous verrez, mon mari, comme nos convives seront émerveillés de mes confitures et de mes pâtés.

M. Jobard. — La tentation est forte, Mademoiselle... Mais, si nous ne voulons pas épouser, qui nous y obligera ?

M. Cugnet. — Moi, Monsieur, et la déposition des témoins qui vous ont entendus. (*Il tire le cordon de la sonnette*) : Holà ! passez de ce côté-ci, Messieurs... (*Quatre hommes grands et forts se présentent*). — Messieurs, avez-vous entendu ce qui a été dit ici !

Les témoins. — Nous avons tout entendu ; nous pouvons le jurer.

M. Cugnet. — Cela suffit ; au besoin, vous compa-
raîtrez...

Mlle Godiveau (*Aux témoins*). — Ainsi, vous savez,
Messieurs, que j'épouse ce beau garçon-là. (*Montrant
M. Jobard*).

M. Jobard. — Moi ! non pas, Mademoiselle... Allez
écumer vos marmites...

Mlle Godiveau. — Si je tenais une cuillère, je vous
aplatirais le nez...

Mlle Agnès. — Calmez-vous, c'est moi que Monsieur
épouse ; je ne souffrirai pas qu'on me le détériore.

Finette (*Désignant M. Jobard*). — Moi, je m'en
tiens à celui-ci : joli garçon il est un peu sot ; qu'importe ? J'aurai de l'esprit pour deux.

Mlle Bredouille (*En colère*). — Mes-mes messieurs !
(*Elle les regarde de travers*).

Finette. — A qui en veut-elle donc ? Je sais bien
que ce Monsieur est pour moi.

M. Cugnet. — Allons, Messieurs, que ce débat
finisse... Il faut vous marier ou soutenir un procès
que vous perdriez avec dépens.

Farfadet (*A part*). — Un procès ! Diable ! ça ne
ferait pas mon compte... (*A M. Jobard*) Eh bien !
vous ne soufflez plus un mot, vous qui, en d'autres
circonstances, saviez si bien faire l'avocat !

Mme Pompette. — Oh ! Monsieur est avocat ! Certes,
j'aimerais fort avoir pour mari un avocat, la robe sur
les épaules, le bonnet carré sur la tête, la barbe toujours rasée ! Que c'est beau un avocat ! Il parle mieux
que personne et embrasse sa femme, sans lui piquer la
figure.

M. Jobard (*A part*). — L'originalité de cette dame
est vraiment drôle.

Farfadet (*A M. Jobard*). — N'allez pas vous laisser

entortiller...Laissez-moi faire ; en un moment je vais tout bousculer ici.

Mlle LAIGUILLON (*S'avançant vite*). — Eh bien ! viens y donc, muscadin, viens-y donc pour voir.....

FARFADET. — De manière que.....

Mlle LAIGUILLON. — Eh ! laisse-là tes manières ; ça ne prend pas... Je dis, moi, que l'envie de me marier m'est venue... Ça suffit.

FARFADET. — Que cela vous suffise, c'est bon. Mais si ça ne me suffit pas...

Mlle LAIGUILLON. — Allons, donne ta main sans lanterner... Fais en sorte de ne pas me laisser veuve avant de t'avoir rendu mari et papa.

M. JOBARD. — Mademoiselle, c'est moi qui aurai ce bonheur, si vous permettez. (*Il lui présente sa main, elle l'accepte en souriant*).

FARFADET (*S'approche vite de Mme Pompette*). — Et moi, ma chère dame, je serai de bon cœur votre mari, pour vous entendre lire avec grâce les comédies de Phèdre et les tragédies de Ciceron...

M. CUGNET. — Enfin, vous voyez, Messieurs, que lorsqu'on fréquente des réunions où s'assemblent des femmes à marier on finit par être pris à la glu du mariage.

LE REVENANT

PERSONNAGES :

Jean MICHEL, forgeron, mari de
Rose MICHEL, surnommée BABET, couturière.
Le Maire de la ville.
Un sergent de ville.
ROLAND, fier-à-bras renommé dans le pays.
Le curé de la paroisse.
Le sacristain RIGOBERT.
Un jeune dragon.
Plusieurs gens du peuple.

———

Le fait se passe en Savoie, à Chambéry, en 1822, chez M. Michel.

———

Une cuisine, qui sert de salle à manger, est garnie du mobilier et des ustensiles indispensables. — La porte, donnant sur la rue, est ouverte, de même que la fenêtre, à droite... Au fond de la pièce, une autre porte entr'ouverte permet de passer à un petit jardin, situé de l'autre côté de la maison, et où l'on voit un puits.

———

1re SCÈNE.

(La veille de la Saint-Jean... à midi et demi. Le forgeron et sa femme, assis à table, en face l'un de l'autre, sont à la fin de leur second déjeuner).

Mme BABET. — Puisque j'ai un moment de loisir, je vais réciter un bout de prière pour l'âme de ma pauvre mère... Au nom du Père, du Fils et du Saint-Esprit.

M. MICHEL (*Finissant de boire son verre de vin*). — Amen.

Mme BABET. — Notre Père qui êtes aux Cieux...

M. MICHEL. — Oui, Dieu est au ciel, mais c'est en enfer que devraient être toutes les femmes qui ne s'occupent qu'à marmotter des prières et qui ne croient être venues au monde que pour cela... Pour ton compte, Rose, tu ferais donc mieux de te taire, car tu te donnes là une peine tout-à-fait inutile à ta mère.

Mme BABET. — Je ne te comprends pas... Qu'as-tu voulu dire ?

M. MICHEL. — Ce que j'ai dit, pas davantage, pardienne !

Mme BABET. — Mais si, par hasard, ma mère...

M. MICHEL. — Eh bien quoi ! As-tu peur qu'elle revienne d'où elle est ?

Mme BABET. — Oh ! non... Mais enfin...

M. MICHEL. — En ce cas, je me chargerai, moi, de prier..... et je prierai jusqu'à ce que mon gosier soit sec..... Par ma foi, j'en ai assez de ma belle-mère ; je l'ai portée sur mes épaules bien plus que je n'aurais voulu. Aussi, je puis jurer que les femmes de cet acabit sont ce qu'il y a de pis au monde... Heureux notre père Adam ; il eut une femme sans ascendants... On conçoit par là, qu'il dût passer avec elle une vie délicieuse, sans être à tout moment taquiné, molesté par des trouble-fête insupportables.

Mme BABET (*Desservant la table d'un air irrité*). — Mais toi, Jean, je ne vois pas trop de quoi tu pourrais avoir sujet de te plaindre.

M. MICHEL. — A présent, ma chère Rose, je me déclare satisfait.

Mme BABET. — Si, encore, tu avais parlé de ta mère... peut-être... Mais, la mienne... Dieu l'ait reçue dans sa gloire !...

M. MICHEL. — Oh ! quant à ma mère, c'est elle qui fut une femme d'un vrai mérite ; on ne pouvait en citer une meilleure. Mais celle que j'ai eue pour belle-mère était la pire des mauvaises... Je suis franc, ma chère, franc comme l'or, et je proteste que le plus grand malheur de l'homme marié c'est de se brouiller avec sa belle-mère... Si jamais je deviens veuf...

Mme Babet (*Portant le tablier à ses yeux*). — Oh ! je sais bien ce que tu souhaites...

M. Michel. — Je parierais que tu n'y es pas... Puisque tu ne le devinerais point, je vais le dire... Si je devenais veuf, j'irais ensuite prendre une femme à l'Hospice des Enfants trouvés...

Mme Babet. — Tu prendrais une fille de l'Hospice !

M. Michel. — Pourquoi pas, si pour le mariage ce sont les meilleures.

Mme Babet. — Oh ! mon bon Jean, chasse bien vite de pareilles idées.

M. Michel (*A part*). — Je vois d'ici qu'elle va me demander quelque chose.

Mme Babet. — Allons, ne soit pas de mauvaise humeur avec moi qui t'aime tant... (*Elle s'approche de lui*). Quand veux-tu faire dire les messes dont il est tant question ?

M. Michel. — Des messes !... A quoi bon me parler de messes, quand tu sais que l'argent manque au logis ?

Mme Babet. — Il faudra bien pourtant en venir-là...

M. Michel. — Je suis bien aussi de ton avis, ma chère Rose, oui, l'on fera dire des messes, quand même il faudrait vendre, pour les payer, un objet dont nous pouvons nous passer... Par exemple, ton collier de perles fines...

Mme Babet (*Avec vivacité*). — Mon collier !... Tu rêves !... S'il était vendu, quand le remplacerais-je?... Ecoute, il se peut que les messes ne soient utiles qu'à celui qui les dit... et si elles ne nous sont pas indispensables, nous les mettrons de côté, si tu veux... D'ailleurs, des prières que nous ferions plus longues, ne pourraient-elles pas en tenir lieu ?...

M. Michel. — Sur ma parole, cet expédient est fort bien trouvé et je l'approuve de tout cœur... Mais, pour que ces prières soit plus efficaces, tu les feras seule... n'est-ce-pas ?... Moi, je serais trop souvent troublé par des distractions... (*A part :* Elle y consentira sûrement, car elle aimerait mieux être fouettée avec une pantoufle que de perdre son collier de perles... Il ne faudrait plus que ça pour avoir le diable déchaîné dans la maison).

(*On entend un gémissement plaintif... Mᵐᵉ Babet se lève fort agitée... Son mari, sans faire cas de l'accident, s'avance vers le fourneau pour allumer sa pipe.*)

Mᵐᵉ Babet. — Qu'est-ce que j'entends ?

M. Michel.— C'est peut-être quelqu'un qui se plaint dans la rue. (*Nouveau gémissement : le trouble de Madame s'accroît ; son mari reste calme*).

Mᵗⁿᵉ Babet. — Non, mon ami, le bruit ne vient pas de la rue.

M. Michel. — En ce cas, il vient d'autre part... Que nous importe ?

Mᵐᵉ Babet (*On entend un autre gémissement*). — Le son paraît venir d'un endroit tout proche... Ecoute et tu me diras... (*On entend de nouveau le même bruit*).

M. Michel. — Il n'y a plus moyen d'en douter. (*Il se met à la fenêtre*). Où es-tu ?... Qui es-tu ? toi qui te plains ?... Tu ne veux pas répondre?... Tant pis pour toi. (*Il se rassied et fume*).

Mᵐᵉ Babet.— C'est bien étrange. (*Encore un son lamentable*). Ah ! mon Dieu !... La voix sort du puits, qu'allons-nous devenir !

M. Michel. — Quelle idée singulière !... (*Il se relève agité*). Ah çà. Babet, quelqu'un est-il venu ici pendant mon absence ?

Mme Babet. — Non, mon ami, personne, je te l'assure...

M. Michel. — Et moi, je gagerais que tu étais avec un autre avant mon retour, et le drôle se sera coulé dans le puits pour éviter la tripotée qu'il mérite. (*Il va près du puits*) Holà ! es-tu sourd, toi qui es là-dedans ?...

Mme Babet. — O mon Dieu ! mon Dieu !

M. Michel. — Mais, qu'as-tu donc, Babet ? tu trembles comme la feuille.

Mme Babet. — Est-il possible, mon ami, que tu n'aies pas reconnu la voix !

M. Michel. — La voix de qui ? Je ne connais pas la voix des puits...

Mme Babet (*Courant vers le puits*). — Voix de ma mère ! ô ma mère, bonne mère, je puis encore vous entendre !...

M. Michel. — Qu'est-ce que tout ceci, Rose ? Est-ce que tu perds la tête ?

M^mo Babet. — Me voici, mère... Je suis près de vous... Répondez-moi. (*Un gémissement, sorti du puits, se fait entendre*). — (*A son mari*) Cette fois-ci, n'as-tu pas entendu distinctement la voix de ma mère ?

M. Michel (*A part*). Sa mère ! Ah ! pour le coup, nous sommes frais !

Mme Babet (*Exaltée*). — C'est elle, bien elle... Va vite appeler le curé... Qu'il dise toutes les messes commandées... O ma mère, j'ai été une fille bien ingrate, mais enfin vous me pardonnerez encore... Jean, si tu n'as pas assez d'argent, vends mes bijoux, je les cède pour ma mère... va, et reviens vite...

M. Michel. — Mais, cela n'est pas à propos, Babet.

Mme Babet. — C'est très urgent, te dis-je. Va donc, cours vite. Songe que ma pauvre mère, faute de messes, est en souffrance à la porte du paradis... Ne la faisons pas attendre davantage...

M. Michel. — J'y vais...

Mme Babet (*Le retenant*). — Non, non, ne me laisse pas seule... Je mourrais de peur. (*Courant à la fenêtre ouverte sur la rue*) Au secours !... au secours !... On ne répond pas !... Au secours ! (*On entend un gémissement*). Oh ! que ma mère doit souffrir !

2ᵉ SCÈNE

LES MÊMES, LE MAIRE, UN SERGENT DE VILLE.

Le Maire. — Eh bien ! de quoi s'agit-il ? Pourquoi ces cris, ce vacarme dont le voisinage est assourdi ?

M. Michel. — Oh ! M. le Maire !

Le Maire. — C'est une honte, un scandale qui doit cesser.

M. Michel. — Ah ! je suis bien malheureux.

Le Maire. — Mais enfin qu'est-il arrivé ? Expliquez-vous donc.

M. Michel. — Qu'est-il arrivé? Monsieur, que l'âme de feue ma belle-mère est dans ce puits-là...

Le Maire. — Êtes-vous fous ? Comment serait-ce possible ?

M. Michel. — Quand je croyais être sorti de mes peines, la voilà qui revient mettre le comble à mon martyre.

Le Maire. — En vérité, M. Michel, je n'en crois rien.

Mme Babet. — Oh ! Monsieur, j'ai bien reconnu sa voix... Tout à l'heure encore, elle poussait des *hélas !* qui me perçaient le cœur. Ah ! ma pauvre mère ! Croyez, Monsieur, que sa position est bien affreuse.

Le Maire. — Vous vous êtes trompés... les morts ne reviennent pas.

Mme Babet. — Les hérétiques et ceux qui ne croient pas en Dieu, le disent... Mais vous, Monsieur, ne devez pas en douter.

Le Maire. — Allons, du courage, Madame, voyons, rassurez-vous.

Mme Babet. — Soyez sûr, Monsieur, que les morts reviennent. Voici un fait qui le prouve avec évidence.

L'an passé, le fiancé d'une de mes amies vint à mourir. Eh bien ! comme elle n'avait pas voulu lui pardonner un baiser qu'il lui avait donné, il ne fut pas reçu au ciel... Depuis lors, il apparut toutes les nuits à la fenêtre de la pauvre affligée, et là, il poussait des soupirs, mais quels soupirs !... Elle finit par le reconnaître ; ils se parlèrent, elle pardonna et...

Le Maire. — Ce sont-là, Madame, des contes bons pour les enfants.

M. Michel. — On voit bien, Monsieur, que vous n'avez pas connu ma belle-mère. Elle est capable d'avoir quitté le paradis pour venir me mettre aux abois.

Mme Babet. — C'est ta faute : tu n'as rien voulu débourser pour les messes qu'elle avait recommandé de faire dire...

M. Michel. — Soit, je suis un sot, un sauvage... Mais sois tranquille : on lui dira des messes autant que tu voudras, mais qu'elle s'en aille, qu'elle décampe au plus tôt.

Le Maire. — Faites en sorte de vous expliquer une bonne fois nettement ; vous n'avez pas, je suppose, l'intention de vous jouer de moi. Pourtant, voilà déjà longtemps que je suis ici, sans avoir entendu aucune espèce de gémissements... Ou vous avez perdu l'esprit ou voilà la cause de vos propos extravagants... (*Il montre du doigt la bouteille qui est sur la table*).

M. Michel. — Oh ! M. le maire, pouvez-vous avoir

de nous une si mauvaise opinion, quand tout le
monde sait que depuis le décès de ma belle-mère, il
n'y a pas eu dans ce quartier une maison mieux
réglée et plus tranquille que la nôtre.

Le Maire. — Mais qu'est devenue la voix dont vous
parliez ?

Mme Babet (*Appelant à l'ouverture du puits*). O ma
mère !... (*On entend deux gémissements successifs*).
Et malgré cela, l'on ne voudra pas me croire !...
Ne vous ai-je pas dit, Monsieur, que c'est la voix de
ma mère ?...

Le Maire. — Il y a de quoi être surpris, en effet...
(*S'adressant au sergent de ville*). Veux-tu essayer
d'aller voir là dedans ?

Le Sergent (*Reculant de quelques pas*). — Veuillez
m'en dispenser, Monsieur, je ne suis pas au fait : je ne
vaux rien pour l'escalade des puits.

Le Maire. — Je te croyais brave. Aurais-tu peur ?

Le Sergent. — Je ne connais pas la peur, certes,
mais se trouver aux prises avec un fantôme au fond
d'un puits, cela vaut la peine d'y penser deux fois.

Le Maire. — Enfin, veux-tu descendre, oui ou non ?

Le Sergent. — Je dois l'avouer, Monsieur, c'est plus
fort que moi ; la seule pensée des morts me cause un
frisson insurmontable... (*On entend un gémissement
souterrain*). Et l'on voudrait que je descendisse là
dedans !... Pas même pour un empire.

Le Maire. — Quel parti prendre alors ?

M. Michel. — Faire venir le curé, sera le meilleur
remède.

Le Sergent. — Vous avez raison, les morts et les
curés ont beaucoup de sympathie les uns pour les
autres et se rendent journellement des services précieux ; il leur est toujours facile de s'entendre, quand
il y a de la monnaie... Si vous permettez, M. le Maire,

je vais appeler le curé. (*Il se met en mouvement pour s'éloigner*).

Le Maire. — Eh ! ne file donc pas si vite, avant de recevoir mes ordres. Tu recommanderas au curé de venir sans retard...

Le Sergent. — Je serai bientôt de retour avec lui.

Le Maire. — Attends encore un instant. Il convient que ce Monsieur vienne ici avec ses ornements de cérémonie et qu'il apporte le livre des évangiles avec une provision d'eau bénite. Cela est essentiel, ne va pas l'oublier en route. Mais tu ne lui diras point ce qui se passe ici... M'as-tu compris ?

Le Sergent. — Parfaitement, Monsieur, et vos ordres seront bien exécutés. (*Il s'empresse de s'éloigner*).

— Un profond silence règne sur la scène... Peu à peu, se rassemble devant la porte un groupe de personnes de tout âge et de toute condition... Parmi elles se fait remarquer par sa haute taille, sa contenance hardie et son costume original, un joueur de billard, bien connu dans la ville et souteneur attitré des cafés. Il porte à la main une grosse canne. A cause de sa bravoure on l'a surnommé Roland.

3e SCÈNE

M. et Mme MICHEL, LE MAIRE, ROLAND.

Roland (*S'étant approché du Maire*). — Monsieur, à parler franchement, le sergent qui va au presbytère n'est qu'un sot et un capon... N'ayez peur de rien, sur ma parole... La chose dont il s'agit n'en vaut pas la peine.

Le Maire. — Eh bien ! serais-tu disposé à descendre dans le puits ?

Roland. — Oui, Monsieur, j'irais, muni de ces joujoux. (*Il montre un couteau poignard qu'il suspend à sa ceinture, et un pistolet à double canon qu'il charge et remet dans sa poche).* Avec ces joujoux, qui oserait me tenir tête ?

M. MICHEL. — Prenez garde, Monsieur, d'être trop téméraire !

ROLAND. — Il paraît, citoyen, que vous ignorez qui je suis. Si vous avez peur, allez vous cacher, poule mouillée. C'est le conseil d'ami que je vous donne.

Mᵐᵉ BABET. — Monsieur, je dois vous avertir qu'il y a dans ce puits une âme en peine.

ROLAND. — Une ! pas davantage !... Eh bien ! je suis homme à faire envoler toutes les âmes du purgatoire... Est-il concevable qu'une âme seule effraie ici tant de monde !

LE MAIRE. — Vous êtes bien résolu de descendre ?

ROLAND. — Eh ! parbleu, tout de suite. Que l'on me procure une corde solide. *(On lui en fournit une au bout d'un moment).* C'est bien ce qu'il faut. *(Par l'un des bouts, il s'attache à la ceinture, et, après que l'autre a été passé sur la poulie du puits, il regarde si l'engin peut marcher. Ensuite, il remet à l'un des spectateurs les plus robustes le bout de la corde.)* N'allez pas, au moins, lâcher la corde trop vite, s'il vous plaît. *(Il entre dans le puits).* Ayez soin de me remonter lestement, dès que je le demanderai. *(Il commence à descendre).* Surtout, tenez ferme la corde... Allez plus doucement... *(Un gémissement arrive à ses oreilles).* O ciel ! assiste-moi !... Tirez ! tirez la corde !... Plus vite ! *(Le gémissement se répète).* Oh ! mon Dieu ! je n'en peux plus ; je suis mort ! *(Sa tête se montre au-dessus du puits. Son visage est très pâle, ses yeux sont effarés).*

LE MAIRE. — Eh bien ! à quoi servent ces joujoux-là, Monsieur ?

ROLAND *(Sorti du puits).* — Je reviens saisi d'horreur,

Messieurs. J'ai porté au fantôme trois coups de poignard ; il ne les a pas plus sentis qu'un corps de bronze. Pour m'avoir résisté de la sorte, il faut que ce soit le diable même.

Le Maire. — Enfin, qu'avez-vous vu ?

Roland. — Des choses épouvantables... Que disiez-vous qu'il y avait dans le puits ?

Mᵐᵉ Babet. — L'âme de ma mère.

Roland. — C'est elle que j'ai vue.... Figurez-vous qu'elle est enveloppée dans une grande pièce de toile blanche... Elle m'a regardé fixement avec des yeux !... Oh ! il y a de quoi frémir à voir l'âme d'un trépassé !... Et puis quels bras !... ils sont longs comme les ailes d'un moulin à vent... si l'on ne m'avait pas remonté vite, j'étais dévoré dans un moment... Ouf!... je frissonne d'y penser.

4ᵉ SCÈNE

LES MÊMES, LE CURÉ, LE SERGENT, LE SACRISTAIN.

Ce dernier porte un bassin plein d'eau bénite.

Le Curé. — Dieu vous garde, bonnes gens.

Mᵐᵉ Babet. — Ah ! M. le Curé, avec quelle impatience nous vous avons attendu !

Le Curé. — Qu'avez-vous donc, ma fille ? si un pauvre prêtre peut vous rendre quelque service...

Le Maire. — Vous saurez d'abord, M. le Curé, que de l'intérieur de ce puits sortent des plaintes lamentables.....

Le Curé. — Elles viennent, sans doute, de quelque pauvre créature qui réclame les secours de mon ministère... Cela devient rare dans le malheureux siècle où nous vivons, où la dévotion baisse. Ah ! la foi de nos pères nous quitte.

Le Maire. — Pas encore, M. le Curé... Et vous en voyez la preuve : C'est l'âme de la mère de Mme Michel qui dans ce moment est au fond de ce puits.

Le Curé. — L'âme de votre mère, Madame ?

Mme Babet. — Oui, Monsieur, l'âme de ma pauvre mère.

Le Curé. — La puissance de Dieu est infinie et ses conseils insondables.

Le Maire. — Ainsi vous croyez...

Le Curé. — Que ce que vous venez de m'apprendre peut être exact. Le Tout-Puissant emploie mille moyens divers pour ramener à lui des brebis égarées... Mais avez-vous connu cette dame défunte... Car, de son côté, le diable est rusé et prend des formes différentes pour abuser des hommes...

Le Maire. — Mme Michel ici présente peut vous dire......

Mme Babet. — Oh ! M. le Curé, je vous assure que c'est bien elle.

Roland. — Eh ! mordienne, si ce que dit Madame ne vous contente pas, il doit vous suffire que je certifie, moi.....

Le Curé. — Au nom de Dieu, ne jurez pas, mon enfant.

Roland. — C'est que tant de doutes m'échauffent enfin les oreilles et il ne m'en faut pas tant pour perdre la patience.

Le Curé. — Savez-vous, Madame, le motif qui ramène ici votre mère.

Mme Babet. — Oh ! M. le Curé, je n'ose.....

Le Curé. — N'ayez point de crainte... Nous sommes ici les ministres de Dieu et malheur à celui qui refuse de nous faire lire dans son cœur... Voudriez-vous me parler en secret ?

Mme Babet. — Oui, je préfère ce moyen.

(Ils se mettent un peu à l'écart des autres personnes. Après un moment d'entretien, ils rejoignent le groupe).

Le Curé. — Oh ! dans ce cas, Madame, c'est bien comme vous dites...

Mme Babet. — Adressez donc à ma mère quelques mots, au nom de Dieu...

Le Curé *(Prenant le goupillon, s'approche du puits, et après plusieurs aspersions sur lui).* — O toi, qui te trouves au fond de ce gouffre, si tu es l'esprit de satan, je t'ordonne, au nom de Dieu, de quitter à l'instant cet asile et de descendre au plus vite dans les profonds abîmes.

Tout le monde répond : Amen.

Le Curé. — Si tu es l'âme d'une créature humaine, je te somme, au nom de Dieu, de faire connaître qui tu es, d'où tu viens et ce que tu veux avoir de nous... *(De nouveaux gémissements se font entendre).* Si, faute de quelques messes, tu ne peux pas encore entrer dans le royaume des cieux, on dira pour toi toutes celles dont tu as besoin. *(A Mme Michel)* N'est-ce pas vrai, Madame ?

Mme Michel. — Oui, Monsieur, oui, sans doute.

M. Michel. — Mais, n'oubliez pas, Monsieur, de lui dire qu'elle s'en aille.

M. le Curé *(S'adressant à l'âme).* — Et pour que tu puisses te retirer bien rassurée, sache que je suis chargé personnellement de dire ces messes spéciales en ta faveur. *(A M. Michel)* N'est-ce pas, Monsieur ?

M. Michel. — Oui, Monsieur, et je vous prie d'accepter ceci. *(Il lui remet une bourse).*

5e SCÈNE

LE SOLDAT. (*Sortant du milieu d'un groupe de spectateurs*). — Si l'on veut bien m'entendre, j'aurais à faire une proposition qui, je pense, ne sera pas inutile.

LE CURÉ. — Que voulez-vous, mon enfant?... Croyez-vous qu'il y ait dans le puits une autre âme en peine?

LE SOLDAT. — Je n'ai là-dessus aucune opinion bien arrêtée, je veux faire entendre seulement que si ces Messieurs avaient la bonté de me le permettre, j'essaierais......

LE CURÉ. — De descendre dans le puits ?

LE SOLDAT. — Oui, Monsieur, c'est çà. (*Extrême surprise de la foule*).

LE CURÉ (*Au soldat*). — Prenez garde d'attirer sur vous le courroux du ciel. Si vous alliez commettre un sacrilège, le crime serait irrémissible. (*A M. Michel*) Pour combien de messes avez-vous donné ?

M. MICHEL. — Pour cinquante... Il y a cinquante écus dans la bourse. Plus tard, vous en direz...

LE SOLDAT. — Pardonnez, si je vous interromps... C'est le moment de...

ROLAND. — Et tu veux descendre, toi !... Bigre !... Si, une fois, tu entres là dedans, tu ne feras pas de vieux os... Voyez un peu ce freluquet s'aviser de descendre, après que je...

LE SOLDAT. — Si M. le Maire m'y autorise je me risque... Çà me regarde seul.

LE MAIRE. — Eh bien ! soit, j'y consents ; mais il est convenu que seul tu resteras responsable des conséquences.

LE SOLDAT. — J'accepte volontiers cette condition, je n'y vois pas de dangers.

ROLAND. — Ah ! pour ce muscadin, il n'y pas de danger à se battre avec un fantôme !

Le Soldat. — Et si je n'en ai pas peur, moi, qu'avez-vous à dire ?

Le Curé. — En tout cas, c'est une grande témérité de vous exposer à ce que Dieu punisse sévèrement le crime commis envers lui.

Le Soldat. — N'ayez pas plus d'inquiétude que moi à ce sujet. Je ne crains ni les étoiles blanches, ni les bras longs comme des ailes de moulin, ni...

Roland. — Est-ce que tu t'aviserais de me railler, beau piou-piou ?

Le Maire. — Allons, du calme, Messieurs, du calme, je vous prie.

Le Soldat (*A M. Michel*). — Qu'elle est la profondeur du puits ?

M. Michel. — De huit à neuf mètres.

Le Soldat. — Et combien y a-t-il d'eau ?

M. Michel. — Environ un mètre et demi.

Le Soldat. — Que l'on fasse descendre le seau. (*On le fait*). Touche-t-il la surface de l'eau ? — Oui ? Cela va bien... A présent, attachez la corde à ce pilier... C'est cela même. (*Il entre dans le puits*).

M. Michel. — Eh ! l'ami, vous ne vous faites pas attacher !

Le Soldat. — Pour être plus sûr de me noyer ? Je n'en ai pas envie. (*Il descend lentement*).

Le Curé. — Que le ciel te protège, jeune imprudent. (*Il fait un mouvement comme pour retourner à la sacristie*).

Mme Babet. — Oh ! Monsieur, soyez assez bon pour ne pas nous quitter. Attendez encore un moment, je vous prie.

Le Curé. — Je ne voudrais, point paraître autoriser par ma présence un attentat contre le ciel... (*On entend dans le puits un gémissement suivi de trois* autres. *Autour du puits, tout le monde frémit de stupeur et se signe vivement*).

Le Soldat (*De l'intérieur du puits*). — Ah ! le gibier est pris, enfin. Remontez un peu plus le seau, vous autres !... De cette façon, c'est bien... (*Peu à peu, il remonte*).

(*Plusieurs personnes se hâtent de dire*). — Eh bien ! quoi de nouveau ?

Le Soldat (*Près d'arriver à l'entrée du puits*). — Messieurs et dames, vous allez le voir.

M. Michel. — Gardez-vous bien de ramener chez moi ma belle-mère.

Le Maire (*En voyant reparaître la tête du soldat*). — Eh bien ! mon brave, que nous amènes-tu ?

Le Soldat (*Sortant du puits*). — Voilà, Messieurs, l'âme que je ramène. (*Il descend à terre, tire du seau et met en liberté un compagnon de voyage qui, en se secouant, arrose toute l'assistance, et remplit la maison du bruit de ses joyeux aboiements*).

Cri unanime. — Un chien ! (*Désarroi complet. Le public ne tarde pas à se disperser, tout penaud*).

M. Michel. — Un chien !... et mes cinquante écus !...

Mᵐᵉ Michel. — Au lieu de revoir ma mère, trouver un chien !

Le Soldat. — Depuis combien de temps, Madame, Madame vôtre mère est-elle décédée ?

Mᵐᵉ Michel. — Depuis six semaines.

Le Soldat. — Eh bien ! Madame, pour vous tranquilliser tout-à-fait je n'ai plus qu'un mot à dire et c'est une vérité. Apprenez que cet animal m'appartient depuis plus de neuf mois... Il paraît que ce coquin a cherché à se mettre en liberté... Mais enfin, je viens d'avoir la chance de le rattraper, et j'en suis bien aise. Il ne me reste qu'à vous en remercier.

PAMÉLA

ou

MADAME A SES VAPEURS

PERSONNAGES :

Mr LABICHE Jérôme, industriel enrichi, 56 ans.
PAMÉLA, sa femme, jolie personne de 22 ans.
Le docteur POILROUX.
Le docteur LANCETTE.
Mr Oscar LECERF, capitaine de hussards, 34 ans.
SUZON, femme de chambre.

La scène se passe à Aix, chez M. Labiche.

Dans une chambre à coucher très élégante, Mme Labiche, Paméla, est au lit, presque sur son séant, le corps enveloppé d'un châle des Indes, les épaules appuyées sur plusieurs coussins... Les volets sont fermés... La pièce est éclairée par une lampe posée sur un guéridon.

1re SCÈNE

PAMÉLA, SUZON.

SUZON (*Entrant avec une tasse en vermeil à la main*). — Madame, voici un léger potage au tapioca.

PAMÉLA. — J'ai déjà dit, Suzon, que je n'en voulais pas. Faut-il le répéter ?

SUZON. — Un peu de courage, Madame ; si vous n'avez rien dans le corps, la faiblesse de l'estomac peut amener quelque accident.

PAMÉLA. — Je suis fort incertaine, car je ne sens ni besoin ni envie de nourriture.

SUZON. — Ce potage est de digestion très facile. Essayez, au moins, d'en prendre quelques gorgées.

PAMÉLA. — Non, non... Je ne veux pas y goûter.

Suzon (*Se retirant confuse*). — Eh bien, patience...

Paméla. — Avant de sortir, réponds-moi... Quelqu'un est-il venu demander de mes nouvelles ?

Suzon. — Oui, Madame, on est venu s'informer.

Paméla. — Qui donc ?

Suzon. — Le colonel Lecoq et M. le baron Duparc.

Paméla (*D'un air insouciant*). — Et puis, pas d'autre ?

Suzon. — Personne, Madame.

Paméla (*A part, en soupirant*). — Plus d'espoir !... Il me délaisse.

Suzon. — Si Madame a besoin de quelque chose...

Paméla (*L'interrompant*). — Laisse-moi... Il ne me faut que du repos.

2ᵉ SCÈNE

LES MÊMES, M. LABICHE.

(*Au moment où Suzon ouvre la porte pour sortir, M. Labiche se présente pour entrer*).

M. Labiche (*Observant le bol plein*). — Comment, Suzon, tu emportes la tasse et ma femme n'y a pas touché !

Suzon. — Madame l'a positivement refusé. (*Cela dit, elle sort*).

M. Labiche (*S'approchant du lit*). — Mais pourquoi, mon amie, ne veux-tu rien prendre ?

Paméla. — C'est, en vérité, une barbarie qui n'a pas de nom... Est-il permis de forcer ainsi une pauvre malade à faire ce qui lui est impossible ?

M. Labiche. — Ne t'échauffe pas, ma chère, je t'en prie. Si nous t'invitons à prendre un peu de nourriture, c'est que tu en as vraiment besoin. Tu n'as pris, depuis ce matin, que deux tasses de bouillon ; ce n'est guère substantiel, un simple bouillon.

Paméla. — Ce peu là, je ne l'ai pas encore digéré.

M. LABICHE (*Tirant de sa poche une boîte*). — J'avais ici pour toi une jolie chose, mais si tu ne veux pas me faire plaisir, il faudra donc que je la rapporte où je l'ai prise.

PAMÉLA (*Avec empressement*). — Ah ! laisse-moi voir ce que c'est.

M. LABICHE. — Tu n'as pas oublié, je crois, cette paire de bracelets que nous vîmes l'autre jour chez le bijoutier Lévêque et qui te plaisait tant ; eh bien ! la voilà.

PAMÉLA. — Passe-moi là un peu, je te prie, que je la voie de près.

M. LABICHE. — Prendras-tu le tapioca ?

PAMÉLA. — Je te promets de l'essayer de nouveau. (*Regardant les bracelets avec admiration*). Merci, mon cher Jérôme.

M. LABICHE. — Je suis charmé qu'ils soient à ton goût... Mais ne tarde plus à prendre le potage préparé par Suzon. Il ne faut pas le laisser refroidir. (*Paméla boit le contenu de la tasse que Suzon avait mis près d'elle sur le guéridon*).

3e SCÈNE

M. et Mᵐᵉ LABICHE.

M. LABICHE. — Comment te sens-tu, depuis ma sortie de ce matin ?

PAMÉLA. — Il me reste un peu de migraine et j'éprouve dans les membres un grand abattement... Mais, j'espère qu'il passera bientôt. (*Elle soupire*).

M. LABICHE. — Je crains, mon amie, que tu ne souffres encore. Je suis en peine de te voir les yeux cernés et le visage en feu. Tu dois avoir encore de la fièvre. J'ai presque du regret de t'avoir excitée à manger... Il eut peut-être mieux valu attendre l'ordonnance du médecin... Il ne doit plus guère tarder à présent. (*Il regarde la pendule*).

Paméla. — Tu crois ?... Il est sorti d'ici à onze heures cinq.

M. Labiche. — Oui, mais quand j'ai vu que ton état ne s'améliorait pas après le calmant qu'il avait prescrit, j'ai couru à sa recherche, et après bien des pas perdus, j'ai fini par avoir la chance de le rejoindre à la porte du chanoine Massepain chez lequel devait avoir lieu une consultation avec le docteur Poilroux. De sorte que, les trouvant là réunis, je les ai priés de venir ici tous deux, dès qu'ils seraient libres.

Paméla (*Soupirant*). — Que de soins, d'attentions et de peines pour me soulager !

M. Labiche. — Je suis loin de m'en plaindre ; n'es-tu pas ma femme chérie ? (*Lui souriant*). Il est vrai que tu as parfois de petits caprices, mais cela ne t'empêche pas de m'aimer, et je me vois ainsi bien récompensé de ce que je fais pour ma Paméla.

4e SCÈNE

LES MÊMES, les docteurs POILROUX et LANCETTE.

Suzon (*Entr'ouvrant la porte*). — MM. les docteurs Poilroux et Lancette demandent à vous parler.

M. Labiche. — Que ces Messieurs aient la bonté de passer par ici.

(Suzon introduit les médecins qui saluent Monsieur et Madame ; puis, se retirant, elle ferme la porte).

M. Poilroux. — Eh bien ! Madame, me voici de retour, et, qui plus est, je viens avec du renfort. Mon estimable collègue et moi nous voulons à tout prix vous rendre la santé et si vous nous aidez un peu, vous serez bientôt rétablie.

M. Labiche. — Vos lumières et votre zèle, Messieurs, ne peuvent faire douter du succès.

M. Poilroux. — Nous l'espérons du moins. A mon sens, ce que Mᵐᵉ Labiche éprouve est une simple affection hystérique, accompagnée parfois de symptômes spasmodiques. Ce mal doit céder infailliblement à une cure spéciale, surtout si l'on y procède sans délai. *Principiis obsta*, n'est-ce pas, docteur ?

M. Lancette. — Il n'y a pas l'ombre d'un doute. Si le médecin était appelé dès qu'un mal réel se déclare, l'attaquant au début, avant qu'il ait fait des ravages, nous aurions bien plus de moyen d'en triompher.

M. Poilroux. — Permettez, Madame, que je reconnaisse l'état de votre pouls. (*Il tâte le pouls de Madame*). Il continue d'être dur, agité... Voyez et jugez-en vous-même, docteur.

M. Lancette (*Il renouvelle l'épreuve*). — Ce pouls semble dénoter qu'il y a ici une certaine stagnation d'humeurs.

M. Poilroux. — L'idée m'en est venue ce matin. En pareil cas, il conviendrait d'opérer une saignée copieuse. Qu'en pensez-vous docteur?

M. Lancette. — Elle n'est pas seulement nécessaire, elle doit être abondante. Aussitôt que la masse du sang aura été diminuée, Madame sentira les humeurs reprendre chez elle leur cours naturel ; l'état morbide sera modifié, et le repos de la nuit assurera le retour de la santé.

Mᵐᵉ Labiche. — Vous trouvez donc, Messieurs, que la saignée est indispensable ?

M. Poilroux. — Oh ! tout à fait, Madame.

M. Labiche. — Je vous ferai observer, Messieurs, que ma femme, jusqu'ici ne s'est pas bien trouvée de la saignée.

M. Poilroux. — Cependant.....

M. Lancette. — Depuis combien de temps Madame est-elle malade ?

Paméla. — Depuis deux jours, Monsieur.

M. Labiche. — Pour épargner à ma femme la fatigue d'exposer l'origine probable de son mal, je vais, Messieurs, vous fournir quelques renseignements. Mardi soir, vers la fin d'une journée de chaleur étouffante, je sortis avec elle pour prendre l'air sur le Cours. A peu de distance de ma maison, un de mes amis, que vous connaissez peut-être, le capitaine Lecerf, nous ayant rencontrés par hasard, offrit de nous accompagner à la promenade, ce qui fut accepté ; ma femme se sentait alors très bien portante. Après nous être promenés plus d'une heure parmi les rangs d'une foule assez compacte, nous nous arrêtâmes sous la tente du Café de l'*Union*, où Paméla demanda une glace à la groseille. Dans la crainte que la longue marche ne l'eut mise en transpiration, je lui con- seillai, je la pressai de s'abstenir et de préférer un autre rafraîchissement. Elle tint bon pour la glace. Lorsqu'elle n'en avait encore pris que trois ou quatre cuillerées, M. Lecerf s'éloigna pour échanger quelques mots avec une dame assise à une table voisine de la nôtre. Ma femme sentit sa poitrine tellement oppressée qu'elle faillit tomber évanouie ; on lui fit respirer un flacon de vinaigre, et boire un demi-verre d'eau sucrée, aiguisée de quelques gouttes de rhum. Elle reprit ses sens, mais elle était si faible que ses jambes ne pouvaient la soutenir : M. Lecerf et moi, nous dûmes en quelque sorte la porter jusque chez moi. Je la fis mettre au lit, et quand sa syncope fut passée, comme une affaire importante m'appelait en ville, je sortis, la laissant avec Suzon et M. le Capitaine... Quelle fut ma surprise au retour ! Je la vis saisie de convulsions effrayantes. Suzon m'apprit que l'attaque s'était déclarée après le départ de M. Lecerf. Camomille, frictions, calmants, tout fut mis en œuvre, et plusieurs heures de suite sans succès. Finalement, vers les trois heures du matin, elle s'endormit et reposa bien jusqu'à huit heures.

M. Lancette. — Voilà déjà un excellent signe.

M. Poilroux. — Etant venu visiter Madame, et l'ayant trouvée plus calme, quoique fatiguée de la forte secousse qu'elle avait éprouvée, je lui prescrivis une potion antispasmodique, à prendre par cuillerées, et je crus à propos d'en attendre l'effet.

M. Lancette. — C'est le procédé le plus rationnel.

M. Poilroux. — Ce remède n'a pourtant pas entièrement dissipé les convulsions, et Madame paraît avoir besoin d'un agent plus énergique.

M. Lancette. — Puisque les potions ne donnent pas tout le résultat voulu, il faudrait ici déprimer un peu l'organisme et tirer quelques palettes de sang.

M. Labiche. — Est-tu du même avis Paméla ?

Paméla. — Je ne saurais le dire : les idées sont si brouillées dans ma tête !

M. Labiche. — Si ce n'était que faiblesse....

M. Poilroux. — Tout porte à croire à une surabondance de sang.

M. Labiche. — Que faire alors ?

M. Lancette. — Il convient d'appeler un chirurgien qui, ce soir, tire à Madame environ 400 grammes de sang. Demain vous nous ferez savoir, Monsieur, le résultat de l'opération.

M. Poilroux. — Je suis sûr qu'on le trouvera satisfaisant.

M. Lancette. — Ayez bon courage, Madame. Dans peu cet accident sera oublié.

Les deux docteurs (*A la fois*). — Monsieur et Madame, j'ai l'honneur de vous saluer. (*Ils sortent.*)

5ᵉ SCÈNE

M. et Mᵐᵉ LABICHE.

M. LABICHE. — Je m'en vais de ce pas chercher le chirurgien.

PAMÉLA. — Si nous attendions à demain, mon ami...

M. LABICHE. — Non pas, certes... N'as-tu pas entendu ces Messieurs ? Ils voient qu'il y a urgence et demandent qu'il vienne ce soir même. (*Il agite la sonnette.*) Aie un peu de patience, Paméla ; tu seras plus tôt rétablie.

SUZON (*Entrant*). — Monsieur m'a appelée.

M. LABICHE. — Oui, tenez compagnie à Madame jusqu'à mon retour... (*Il sort.*)

6ᵉ SCÈNE

Mᵐᵉ LABICHE, SUZON.

SUZON. — Madame va donc se laisser saigner ? Peut-être que, si elle avait la force de se lever et de faire quelque léger exercice, elle en tirerait plus de profit que tous les remèdes du monde ; qu'elle se procure de la distraction et elle sera remise.

Mᵐᵉ LABICHE. — Quelle distraction prendre, quand je ne me sents pas même la force de lever un doigt.

SUZON. — Hé ! mon Dieu, c'est facile à comprendre : voilà que depuis deux jours vous n'avez rien mangé. Notre corps ne vit pas uniquement d'air.

Mᵐᵉ LABICHE. — Et personne n'est venu demander de mes nouvelles ?

SUZON. — Pardonnez-moi, Madame, il est venu quelqu'un.

Mᵐᵉ LABICHE. — Qui donc ?

Suzon. — M. le Capitaine.

Mme Labiche. — Sotte !... Pourquoi ne l'avez-vous pas dit ?

Suzon. — Madame ne me l'a pas demandé.

Mme Labiche. — Pourquoi n'a-t-il pas été introduit ?

Suzon. — Ayant entendu, en entrant, la voix des médecins, il a dit qu'il craignait de les déranger et qu'il viendrait dans un moment plus commode.

Mme Labiche. — Il aurait fallu le prier d'attendre. A présent, qui sait quand il reviendra... Il est peut-être fâché... Prêtez l'oreille... Il me semble qu'on a frappé à la porte...

Suzon. — (Courant ouvrir). — En effet, c'est lui... (Elle sort).

7e SCÈNE

M. LECERF, PAMÉLA.

M. Lecerf (En entrant). — Eh ! grand Dieu ! quel accident vous est-il survenu, Madame ? J'étais loin de penser que vous fussiez malade.

Paméla. — Bien portante ou malade, cela, je suppose, vous est indifférent : vous êtes si peu empressé de me revoir.

M. Lecerf. — J'aimez mieux vous éviter la peine de me faire des reproches, que je n'ai vraiment pas mérités.

Paméla. — A vous entendre, c'est toujours moi qui ai tort...

M. Lecerf. — Pardonnez-moi, ma chère Paméla... vous êtes malade ; je serais désolé d'aggraver votre état par des paroles susceptibles de vous déplaire. Je puis du moins assurer que vous ne devriez point vous tourmenter l'esprit de soupçons injustes.

Paméla. — Moi !... des soupçons injustes !... Si cette *femme*-là ne vous était de rien, vous ne m'auriez pas fait publiquement, dans un café, l'impolitesse d'aller vous planter à côté d'elle et d'entamer une conversation interminable à voix basse...

M. Lecerf. — Mais, au nom de Dieu, souvenez-vous, Paméla, de ce que je vous dis l'autre jour. A présent, je suis obligé de répéter qu'il n'était pas possible de me dispenser de lui parler d'une affaire d'importance... et urgente.

Paméla. — Oh ! si je vous connaissais moins bien...

M. Lecerf. — Puisqu'il en est ainsi, Madame, je n'insisterai pas davantage à vous dissuader... Je regrette de vous laisser une opinion qui m'est si peu favorable ; mais, puisque vous mettez en doute ma franchise, je n'ai plus rien à dire. (*Il prend le chemin de la porte.*)

Paméla. — Eh ! ne prenez pas feu si vite, capitaine; calmez-vous, je vous prie et répondez-moi... Si mes soupçons étaient sans cause, *pourquoi* n'êtes pas revenu depuis l'autre soir ?

M. Lecerf. — Pourquoi !... S'il faut que je le dise net, c'est par dépit. Votre jalousie est d'une exigence cruelle ; vous vous livrez à des plaintes sans fin ; plutôt que de les entendre, j'ai préféré de ne pas vous importuner de mes visites.

Paméla. — Je ne vous suis donc plus indifférente ?

M. Lecerf. — Ah ! ne me faites pas l'injure de le penser un instant, lorsque je ne pense qu'à vous, Paméla... Songez que depuis que j'ai eu le bonheur de vous connaitre, je n'ai fréquenté que vous... Si, l'autre jour, devant le café, je m'approchai un moment de Madame Goujon, ce fut pour lui parler d'un projet de mariage entre mon cousin et la cadette de ses sœurs... Dans la même soirée, je vous aurais exposé la substance de cette conversation : vos sens surexcités m'en empêchèrent. Depuis, ce projet s'en est allé en fumée... Il est douteux que je revoie une autre fois cette femme.

PAMÉLA. — Est-ce bien vrai ?

M. LECERF. — N'en doutez pas.

PAMÉLA. — Ah ! que vous me faites du bien ! Cher Oscar, vous me pardonnez ?

M. LECERF. — Vous n'avez nul besoin de pardon... Mais je désirerais...

8e SCÈNE

LES MÊMES, M. LABICHE.

M. LABICHE (*Entrant à l'improviste*). — Ah ! vous voilà enfin, Monsieur !... Savez-vous que c'est peu galant, sachant ma femme malade, de ne pas venir la voir.

M. LECERF. — En vérité, Monsieur, j'ignorais que Mme Labiche...

PAMÉLA. — Sais-tu, Jérôme, que je me sens beaucoup mieux.

M. LABICHE. — Déjà ?

PAMÉLA. — Oui, mon ami, j'ai même envie de me lever et de manger.

M. LABICHE. — Ne vois-tu pas que ce serait au moins imprudent ?

PAMÉLA. — Du tout... M. Lecerf nous tiendra compagnie ; je t'assure que la distraction achevera ma guérison.

M. LABICHE. — As-tu oublié, ma chère, que le chirurgien viendra ce soir ?

PAMÉLA. — Eh bien ! il s'en ira comme il sera venu, voilà tout. (*A M. Lecerf*) Il est convenu, Monsieur, que vous resterez ?

M. Lecerf. — Oui, Madame, je ne puis m'en défendre ; mais je regrette de vous gêner.

M. Labiché. — Il faut bien lui passer cette fantaisie. D'ailleurs, si elle se sent disposée, il est possible que la table lui fasse plus de bien que la saignée.

Paméla (*A son mari*). — Conduis Monsieur à la salle à manger, et dis à Suzon de venir... Je ne fais que passer une robe... Dans cinq minutes, je serai à vous.

M. Labiche. — Ma femme va bien ; le ciel en soit béni... Mai j'ai à vous rendre grâce, à vous aussi, M. le Capitaine, car votre visite a beaucoup contribué à la guérison de Mme Labiche.

ASPASIE

PERSONNAGES :

Mᵐᵉ GENDRON, veuve rentière.
ASPASIE, sa fille unique.
Isidore LANGE, rentier.
Julie BOUQUET, nièce de Mᵐᵉ Gendron
Mᵐᵉ CERFEUIL, veuve.
MARTHE, servante de Mᵐᵉ Gendron.

1ʳᵉ SCÈNE

' ASPASIE, puis SA MÈRE.

Aspasie. — (*Dans un salon bien meublé qui a deux fenêtres avec balcon sur la rue, Aspasie, mise avec élégance, lit une lettre. Sa lecture finie, elle en prononce d'un air dédaigneux les derniers mots :* « Votre respectueux et fidèle amant... Isidore Lange ». *Puis elle ajoute :* A-t-on vu pareille audace !... Ah ! par exemple, voilà un singulier prétendant ! (*Après un moment de réflexion*) : « Mère, mère !... Venez, je vous prie, un instant par ici.

Mᵐᵉ Gendron (*Répondant de la pièce voisine*). —Dans une minute, j'y vais.

Aspasie. (*Se parlant à elle-même*). — J'ai 16 ans, lui près de 30 ! Comme je vais le congédier cet Isidore !... (*Puis s'approchant de la pièce voisine*) : Mère, ayez la bonté de venir vite.....

Mᵐᵉ Gendron (*Venant à la hâte*). — Eh ! mon Dieu, qu'as-tu donc aujourd'hui ? Pourquoi ces cris dont la maison tremble ?

Aspasie. — Ce dont il s'agit, en vaut, certes, bien la peine ; vous l'avouerez.

Mme GENDRON. — S'il en est ainsi, dis-le moi vite, ma fille.

ASPASIE. — J'ai reçu tout à l'heure une lettre.

Mme GENDRON. — Serait-ce, par hasard, une confidence d'amour ?

ASPASIE. — Justement, et devinez-vous de qui elle vient ?

Mme GENDRON. — Qui sait ?... Peut-être de M. Lange.

ASPASIE. — Eh ! comment pouvez-vous, ma mère, deviner du premier coup ?

Mme GENDRON. — Cela m'est devenu facile. Hier je fus prévenue par un billet. Le voici.

ASPASIE (Après avoir parcouru des yeux le billet). — En effet, il vous demande à vous ma main, à moi, la main et le cœur... Il n'aura ni l'un, ni l'autre.

Mme GENDRON. — Comment, ma fille, un si bon parti te déplait ?

ASPASIE. — Je ne saurais vivre avec un homme si grave, si rébarbatif.

Mme GENDRON. — Avec toi, il est toujours de bonne humeur.

ASPASIE. — Il a des moments de gaîté, mais il a aussi une laideur qui...

Mme GENDRON (L'interrompant). — Lui, laid !... Il passe pour un bel homme !

ASPASIE. — Il a une belle taille, mais n'a pas de manières et s'habille mal.

Mme GENDRON. — Il lui sera facile de prendre le ton de la société ; il est riche.

ASPASIE. — Mais que sera-t-il, s'il manque d'élégance et de goût ?

Mme GENDRON. — Il manque de goût !... Songe qu'il te préfère à tout autre femme.

ASPASIE. — Pour cela, on peut l'excuser... Mais il

a déjà recherché deux femmes. Je ne voudrais pas être son pis aller.

Mme GENDRON. — Crains encore d'être trop sévère à cet égard. Souviens-toi que, malgré ta jeunesse, tu as déjà quatre fois aimé.

ASPASIE. — Il me semble que je n'ai, au contraire, encore aimé aucun homme.

Mme GENDRON. — Soit, je n'insiste pas... D'où sais-tu que M. Lange en a recherché d'autres ?

ASPASIE. — Dernièrement, je l'ai pressé sur ce sujet, et il a avoué.

Mme GENDRON. — Eh ! bien, tu dois le sentir, cette sincérité l'honore.

ASPASIE. — Ce beau prétendu, ce modèle de perfection a, par moments, de singulières idées... Ecoutez, s'il vous plaît, les niaiseries qu'il m'a écrites... (*Elle lit : Oui, charmante Aspasie, vous serez le seul bien de ma vie !*...

Mme GENDRON. — Tu appelle cela des niaiseries !... Je ne vois là qu'un ton des plus convenables.

ASPASIE. — Je ne le dis pas pour ces expressions, mais pour ce qui suit. Entendez le reste, je vous prie. (*Elle continue de lire*) « Je n'ose, Mademoiselle, me présenter chez vous, pour entendre ma sentence de vive voix ou la recevoir par écrit ; et pourtant combien je souffre de ma cruelle incertitude !... Vous avez, je le sais, l'habitude de suspendre, à midi, la cage du canari, sur votre balcon, à la droite. Aujourd'hui, je serai, à cette heure-là, dans votre rue. Si je vois à sa place, à l'heure ordinaire, l'oiseau qui doit m'annoncer mon destin, je cours me jeter à vos pieds... Si, par malheur, le balcon est désert, je vole au courrier prendre ma place dans une berline qui m'emportera pour toujours loin d'ici. »

Croyez-vous, ma mère, que l'on puisse rien concevoir de plus ridicule ?

Mme GENDRON. — Veux-tu me faire entendre que M. Lange est indigne de t'épouser ?

ASPASIE. — Je le crois honnête homme ; mais, j'ai peur qu'il ne soit pas un mari tel que je le désire. Peut-être rendra-t-il sa femme heureuse ; moi, je n'attendrais pas de lui un pareil sort ; car l'amour et le mariage dépendent beaucoup, dit-on, de la fatalité... Tenez, voyez ce qui arrive à Julie, ma cousine : une sentence judiciaire l'a mise au séquestre chez vous. C'était la fille la plus douce, la plus soumise à ses parents. Depuis qu'elle s'est éprise de son cousin Blaise, conseils, prières, larmes ni menaces, rien n'a pu lui ôter ce caprice de la tête. Qu'est-ce qui l'a rendue indocile et têtue à ce point ? La fatalité... Je ne voudrais faire à personne le moindre mal ; je pressens que je vais causer à M. Lange un chagrin susceptible de lui coûter la vie, si le canari n'est pas mis au soleil sur le balcon. D'où vient pourtant que je suis tentée de le faire sans que ma conscience en ait du remords ? C'est, je crois, de la fatalité ; c'est que je ne puis, ou plutôt, que je dois pas faire ce mariage.

Mme GENDRON. — Il suffit, n'en parlons plus. Mais, sois assurée que la fatalité, malgré sa puissance, ne me fera pas croire à la solidité de tes arguments. D'ailleurs, comme je te laisse libre de te marier à ton gré, tu peux en décider à ta fantaisie. (*Elle s'en va*).

2e SCÈNE

ASPASIE, JULIE.

ASPASIE. (*Elle va près de la porte du cabinet et dit à voix basse*). — Julie, Julie, peux-tu venir un moment ?

JULIE (*Elle accourt en s'essuyant les yeux*). — Me voici, chère amie. Qu'as-tu à me dire ?

ASPASIE. — Eh quoi ! ma cousine ! on dirait que tu as pleuré...

JULIE. — C'est vrai. Je suis si malheureuse !

ASPASIE. — Ne vas-tu pas épouser celui que tu aimes et qui t'adore ?

JULIE. — Il m'adore ! oui, d'une singulière façon : en quinze jours, nous avons eu quatorze querelles... Ah ! Blaise montre un triste caractère. Aussi, quand je pense à l'avenir je tremble... Brouillée avec mes parents... menacée de la pauvreté ! quel sort m'attend !

ASPASIE. — Malgré cela tu as donné parole de mariage.

JULIE. — Eh ! mon amie, quel autre parti pourrais-je prendre ? Après l'accident que tu sais, j'ai recours au seul remède possible, le mariage. Je dois avouer que si je souffre, je l'ai mérité... J'ai eu tort de négliger les conseils de ma famille... Et puis, combien je me reproche aussi d'avoir refusé un excellent parti... mais j'étais étourdie, aveugle, et la raison n'avait sur moi aucun pouvoir... Mais je m'aperçois que je te fatigue à parler de moi ; excuse mon impolitesse. Dis-moi plutôt pourquoi tu m'as appelée.

ASPASIE. — C'est pour te dire que l'on me demande en mariage.

JULIE. — Je souhaite de toute mon âme que ce soit pour ton bonheur.

ASPASIE. — Ne te presse pas de former des souhaits; rien n'est encore conclu.

JULIE. — Préfères-tu d'éconduire le prétendant ?

ASPASIE. — Oui, Julie, et aujourd'hui même, pour n'y plus penser.

JULIE. — Est-il soupçonné ou convaincu de mauvaise conduite ?

ASPASIE. — Je n'ai rien appris qu'il lui soit défavorable.

JULIE. — Serait-il infirme, estropié, maniaque, bourru, colérique ?

ASPASIE. — On m'assure qu'il est exempt de ces défauts et de ces vices.

JULIE. — Peut-être est-il fainéant, sot, dissipé, ivrogne, joueur ?

ASPASIE. — Il ne mérite, que je sache, aucun reproche de cette espèce.

JULIE. — Il est donc laid, mais d'une laideur repoussante ?

ASPASIE. — Non, son extérieur est au moins passable... Mais, au fait, tu dois avoir quelquefois entendu parler de lui : c'est M. Lange.

JULIE. — M. Lange !... Et tu aurais de l'aversion pour lui !

ASPASIE. — Et toi-même Julie, serais-tu contente d'être sa femme ?

JULIE. — Plût au ciel que je l'eusse épousé !

ASPASIE. — Il t'a donc fait la cour ?

JULIE. — Il y a près de deux ans, il me rechercha ; je fis un peu la coquette avec lui, je feignis de dédaigner ses soins. Choqué de mes grands airs, il s'éloigna. Quoique fort attristée de sa retraite, je m'imaginai ensuite que je l'oublierais bientôt, mais depuis que le jour de mon mariage avec Blaise est fixé et même prochain, le nom d'Isidore me revient sans cesse à la mémoire... Je ne sais vraiment pas où j'avais la tête, quand je renonçai à lui. Il y a des créatures que la fatalité poursuit sans relâche... Hélas !

ASPASIE. — Cruelle fatalité !

3ᵉ SCÈNE

LES MÊMES, MARTHE, Mᵐᵉ CERFEUIL

MARTHE (*Entr'ouvrant la porte du salon*). — Mᵐᵉ Cerfeuil.

ASPASIE. — Faites entrer... (*Mᵐᵉ Cerfeuil, pâle, maigre, en habits de deuil, se montre à la porte. Aspasie va l'embrasser*). — Comment va cette chère santé, ma bonne Rose ? Tes douleurs ont enfin cessé, j'espère. Tu parais aller bien mieux depuis notre dernière rencontre.

Mᵐᵉ CERFEUIL. — Ma santé est si variable que je ne sais qu'en dire... Ce que je sais bien du moins, c'est que mes deux ans de mariage ont été pour moi un enfer. Mais enfin, me voilà délivrée de ce maudit emplâtre qui a ruiné ma santé et ma maison. Devenue veuve, j'espérais de pouvoir respirer ; pas moyen, les créanciers et la maladie ne me laissent pas un instant de repos.

JULIE. — Ta santé, déjà meilleure, se rétablira parfaitement, sois-en sûre.

ASPASIE. — Elle deviendra si bonne que, dans quelques mois tu pourras te remarier.

Mᵐᵉ CERFEUIL. — Me marier ! Vous deux, à la bonne heure, mais, moi, je mourrai veuve... C'est le triste lot qui m'est réservé !

ASPASIE. — Oh ! tu es encore trop jeune pour avoir de pareilles idées.

Mᵐᵉ CERFEUIL. — Trop jeune ?... J'ai déjà 24 ans, et un pressentiment secret me fait craindre de ne pas finir le vingt-cinquième.

JULIE. — Ne te butte donc pas à des appréhensions chimériques, ma chère.

ASPASIE. — Tâche de te distraire ; n'évite pas les occasions de t'égayer avec tes connaissances et tes amis, tu t'en trouveras bien.

Mᵐᵉ CERFEUIL. — Des amis !... C'est encore une illusion dont je suis désabusée. J'avais rencontré un homme qui me paraissait la bonté personnifiée... Eh bien ! il vient de me jouer un tour pendable.

ASPASIE. — Qui donc a pu se permettre de se comporter si mal avec toi ?

Mᵐᵒ CERFEUIL. — Un jeune homme qui était fort lié avec mon tuteur. Comme il fréquentait beaucoup la maison, il était plein pour moi d'attentions délicates... En un mot, il semblait que son intention...

JULIE. — Enfin, déclara-t-il qu'il prétendait à ta main !

Mᵐᵉ CERFEUIL. — Oui, Julie, il le déclara, et moi j'eus la sottise de le congédier. Que je m'en suis mordu les doigts depuis !... On eut dit qu'il avait, en se retirant, jeté sur moi un sortilège ; après, toutes les calamités m'assaillirent... En me quittant, il m'avait dit : « Mademoiselle, vous dépendez d'un tuteur qui a des vues sur votre personne. Il aura soin d'écarter les jeunes élégants qui vous recherchent et dont la comparaison intime que vous en faites avec moi me nuit dans votre esprit. Un jour viendra bientôt, où vous verrez qu'il profitera d'une circonstance favorable, et vous finirez par devenir la femme de ce vil personnage dissipateur et brutal ». Cette prophétie s'est accomplie !... Jugez quels regrets ont depuis lors empoisonné ma vie ! Oh ! l'affreux mariage !

ASPASIE. — Mais quel est le tour que tu reproches au prophète de malheur ?

Mᵐᵉ CERFEUIL. — Pendant mon veuvage, un jour j'allai par hasard chez des gens qu'il visitait... Là, je causai avec lui ; je ne lui cachai ni mes peines, ni mes embarras. Il m'offrit de voir mes créanciers, de m'assister de son mieux.

ASPASIE. — Lui ! homme d'honneur, a manqué à sa parole !

Mᵐᵉ CERFEUIL. — Je n'ai pas dit tout: il a parlé à mes créanciers, il m'a fait obtenir un sursis de deux ans ; on assure de plus qu'il leur a donné quelque argent...

ASPASIE. — Dans tout cela, il n'y a rien à reprendre et dès lors...

Mᵐᵉ CERFEUIL. — J'ai sujet de me plaindre, car s'il a vu mes créanciers, il n'a pas continué de me voir, moi.

ASPASIE. — Oh ! alors je comprends.

JULIE. — Eh ! mon Dieu ! voilà l'application du proverbe : Quand je voulais, tu dis non ; à présent que tu veux, je ne veux plus.

ASPASIE. — J'ai entendu conter un fait tout pareil.

Mᵐᵉ CERFEUIL. — Je soupçonne que c'est une petite malice dont il use pour voir si je me laisserai surprendre. Quant à lui, dans la maison qu'il fréquentait on s'étonne de le voir prolonger son absence, mais on ne garde que de bons souvenirs de lui... J'ai appris, Aspasie, qu'il vient maintenant chez ta mère, et je désire que ta mère et toi lui fassiez entendre à mots couverts.....

ASPASIE. — Il faudrait d'abord savoir son nom, et tu ne l'as pas dit.

Mᵐᵉ CERFEUIL. — Je croyais l'avoir dit : C'est Isidore Lange.

JULIE. — Isidore!

ASPASIE. — Isidore !

JULIE. — Ce diable d'homme rend malheureuses les femmes qui ne l'aiment pas !

ASPASIE (A part). — Bon ! voici ma mère qui vient. Elle pourra se charger de la commission de Rose.

4ᵉ SCÈNE

LES MÊMES, Mᵐᵉ GENDRON.

Mᵐᵉ Gendron. — Aspasie, prends cette lettre de la cousine Justine. Je l'ai trouvée dans une autre qui m'était adressée.

Aspasie. — Une lettre de ma chère Justine ! oh ! quel bonheur !

Mᵐᵉ Cerfeuil. — Pendant que tu liras, je dirai deux mots à ta mère.

Mᵐᵉ Gendron. — Madame veuillez passer dans mon boudoir ; vous y verrez la parure de noce de Julie ; la modiste vient de l'apporter tout à l'heure.

Julie. — Quoi ! Elle est déjà ici ! Allons vite la voir. (*Julie et les deux dames sortent*).

5ᵉ SCÈNE

ASPASIE SEULE.

Aspasie (*Entend sonner la pendule*). — Ah ! ciel ! Il est midi moins quart ; peut-être *est-il* déjà aux aguets devant la fenêtre... Il faut enfin se décider... et sans remise, comment sortir d'embarras ? Il a aimé trois femmes ; elles l'on refusé... et toutes ont eu du malheur. Si je le traite comme elles, le même sort me menace... Julie est mal mariée, car c'est comme si elle l'était. Mᵐᵉ Cerfeuil a été mal mariée, et se voit sous le coup d'une mort prochaine tant sa pauvre santé est délabrée. Si ses créanciers ont consenti à ne pas la tracasser pendant deux ans, c'est qu'ils savent, ces rusés compères, que son héritage ne tardera guère à tomber entre leurs mains... L'autre femme que M. Lange a recherchée, et que je n'ai pas connue, mourut à la campagne en tombant de voiture... Quelle effrayante fatalité !... Être mal mariée..., éti-

que... ou morte... ou se marier avec lui... Il faut
donc absolument renoncer au bonheur ou à la vie !...
Eh bien ! non ; je veux vivre moi, et vivre heureuse...
C'est pour jouir de l'existence que je suis jeune, jolie
et le reste... Tout le monde me le dit, et mon miroir,
me le répète... Puisque la fatalité le veut, j'épouserai
Isidore, pour ne pas mourir, mais je le haïrai tant !...
Cependant, si je ne l'aime pas, ne serai-je pas malheureuse aussi ?... De toute manière, ce sera donc lui
qui triomphera et moi qui souffrirai... Le seul parti
qui me reste à prendre c'est d'épouser et d'aimer mon
mari.

(*Le canari est placé au poste habituel... Quelques
minutes s'écoulent encore dans l'attente. Puis Aspasie
s'écrie*). — O mon Dieu !... Des pas se font entendre
dans l'escalier... On tire le cordon de la sonnette... Si
c'était déjà lui !... Donnons-nous une contenance calme, un visage reposé... (*Elle consulte le miroir*)...
Bon !... me voici prête.

6ᵉ SCÈNE

ASPASIE, M. LANGE.

M. Lange (*Il entre à pas lents et s'avance d'un air
embarrassé*).— Aimable Aspasie, puis-je compter sur
votre bonté ?

Aspasie(*Emue et n'osant qu'à peine lever les yeux*).—
Oui, Monsieur ; puisque ma mère le permet... Prenez
la peine de vous asseoir... Vous portez-vous bien,
Monsieur ?

M. Lange. — Je suis charmé de vous voir, Mademoiselle... Mais le trouble que vous semblez éprouver
me fait craindre que...

Aspasie (*A part*). — De la crainte, j'en ai bien ma
part, moi aussi.

M. Lange (*Il s'approche d'elle et lui prend une main qu'elle lui livre sans résistance, puis il dit*).—Qu'avez-vous, Mademoiselle ? Votre main frémit, vous êtes toute tremblante. Est-que vous éprouveriez de la répugnance à me voir ? Si ma présence vous fait de la peine, malgré ma douleur, je tâcherai de me résigner au sacrifice de mes désirs et de mes espérances... Parlez, je vous prie, dites un mot ; la retraite me sera cruelle, mais immédiate..... (*Il se lève et fait un pas vers la porte*).

Aspasie (*Comme si elle reprenait ses sens*). — Ah ! Monsieur, ne me laissez pas ainsi. (*Ayant ouvert ses bras comme pour retenir Isidore, il se rapproche d'elle vivement, la retient dans les siens et lui donne sur le front un baiser qu'elle reçoit avec la contenance d'une victime dévouée*).

7ᵉ SCÈNE

LES MÊMES, Mᵐᵉ GENDRON, Mᵐᵉ CERFEUIL, JULIE.

Mᵐᵉ Gendron (*Entrant à l'improviste avec ses deux compagnes, a vu ce qui vient de se passer, feignant de gronder, elle s'écrie*). — Holà ! Que vois-je ici !

Mᵐᵉ Cerfeuil (*Surprise et irritée*). — Ah ! mon Dieu ! Quelle aventure !

Julie (*Stupéfaite de la découverte*). — Qui jamais se le pouvait imaginer !... J'en suis anéantie. (*Elle se laisse tomber sur un fauteuil*).

M. Lange (*A Mᵐᵉ Gendron*).—Enfin, je suis heureux, Madame.

Mᵐᵉ Gendron (*A Isidore*). — Et ma fille...

M. Lange. — Elle aussi m'aime. N'est-il pas vrai, Mademoiselle ?

Aspasie. — Oui, Monsieur.

M. Lange. — Elle va m'épouser, n'est-ce pas, Mademoiselle ?

ASPASIE. — Oui, Monsieur.

M. LANGE. — Ma femme me rendra heureux, n'est-pas, Mademoiselle.

ASPASIE. — Oui, oui, Monsieur, autant que je le pourrai...

Mme GENDRON. — Mais tu pleures, ma fille, comme si tu cédais plus à la contrainte qu'à la tendresse.

ASPASIE. — Moi ! ne pas aimer Monsieur ! Je l'aime comme ma vie !

Mme GENDRON. — Tu ne pouvais choisir un meilleur mari. Sois heureuse avec lui. Je bénis de tout mon cœur votre union.

JULIE (*D'un air contraint*). — Ainsi soit-il.

Mme CERFEUIL (*Avec un dépit visible*). — M. Lange fera un excellent mari.

M. LANGE. — Si Mlle Julie et Mme Cerfeuil veulent bien nous faire l'honneur de nous servir de marraines...

Mme CERFEUIL. — Dispensez-moi, je vous prie. Monsieur ; je pars demain pour les eaux.

JULIE. — Et moi, je dois me rendre au plus tôt auprès d'une de mes tantes qui est très malade. Dieu veuille que je puisse embrasser encore une fois cette chère amie avant de la perdre.

Mme GENDRON. — Mais du moins, nous resterons toujours amies ?

JULIE. — Oh ! bien certainement, ma tante. Vous avez toujours été si bonne pour moi.

Mme CERFEUIL. — C'est bien aussi mon intention, Madame.

M. LANGE (*Regardant Aspasie et sa mère*). — Maintenant, Mesdames, allons nous occuper des apprêts de la noce... Et l'on y dansera, je vous en réponds.

1.

A l'écart de la ville, il est une retraite,
encore peu connue, un paisible séjour,
un asile charmant où l'envie est muette,
où l'amitie s'abrite, où la lyre ne jette
    que des chants inspirés d'amour.
On n'entend tout au tour de ce riant cottage
que l'onde murmurante à travers les roseaux,
que le vent qui se plaint et froisse le feuillage,
le souffle de la brise et, sous le frais ombrage,
    les joyeux accords des oiseaux.
De blancs troupeaux épars errent dans la prairie,
et les humbles moutons paissant au bord de l'eau,
et les vaches dormant parmi l'herbe fleurie,
et les chiens aux aguets veillant la bergerie
    forment un séduisant tableau.
C'est là qu'on est heureux ; c'est là que,sans secousse,
sous un ciel calme et pur, on peut couler ses jours ;
car la tâche est moins rude et la vie est plus douce
à parcourir des bois pleins de fleurs et de mousse,
    asile propice aux amours.
Un sourire qui fait naître notre sourire,
une larme mêlée à nos larmes, un cœur
qui soupire avec nous quand notre cœur soupire,
une âme douce et tendre où notre âme s'inspire,
    c'est tout le secret du bonheur.

2.

Quand un homme ici-bas éprouve un grand chagrin,
il soupire, il gémit, se plaint de son destin,
et l'accusant partout, jusques à perdre l'haleine,
fatigue ses amis du récit de sa peine.
Lorsqu'une femme souffre, elle baisse les yeux ;
son chagrin est craintif, discret, silencieux ;
le front sur son aiguille ou sur sa broderie,
et gardant en son cœur sa triste rêverie,
plutôt que d'en parler se résigne à mourir ;
c'est que la femme seule ici-bas sait souffrir.

3.

Que n'est-elle un parfum cette faible parole
que j'adresse, bel ange, à ton cœur attristé,
un parfum plein de charme et de suavité
dont l'enivrante odeur te berce, te console !
Que n'est-elle un rayon pur et délicieux,
rayon tombé du ciel qui caresse tes yeux !
Oh ! si j'avais, pour peindre à quel point je t'adore,
le plus mélodieux des soupirs de l'aurore ;
si je connaissais l'art, cet art si cher aux cœurs,
d'entrelacer des mots comme on le fait des fleurs,
ô mon unique amie, ô mon trésor suprême,
parfum, rayon, soupir, te diraient que je t'aime,
soupir, rayon, parfum, te diraient que je meurs !

4.

Quand je la vois passer si belle, quand je vois
tant d'éclat resplendir sur sa noble figure,
et ce reflet du cœur, sa plus noble parure,
qui brille dans ses yeux, qui tremble dans sa voix ;
quand de son pur regard les muettes tendresses,
quand de son chaste aveu les suaves caresses
me viennent effleurer dans la nuit de mes jours ;
quand j'aperçois son front qui rayonne toujours,
son front d'une pâleur délicate et suprême,
où la grâce a posé son charmant diadème,
et d'où l'espoir descend sur mon cœur désolé,
comme un parfum divin sort du ciel étoilé ;
quand elle est près de moi, quand ma lèvre respire
le vent de ses cheveux dont l'arôme m'inspire ;
quand sa voix dit : je t'aime, ô mon plus cher trésor,
et que son doux regard me le dit mieux encor ;
oh ! dans ces moments-là je comprends le mystère
de l'âme unie à l'âme et l'oubli de la terre,
et le lien des cœurs, lien délicieux,
et je bénis l'amour comme on bénit les cieux !

5.

De la hauteur du ciel jusqu'à la mer profonde
la sagesse de Dieu pénètre et meut le monde,
en suit le mouvement, en règle le ressort,
et de chaque partie harmonise l'accord.
Les feux dont il peupla la voûte immesurée
doivent de l'univers égaler la durée
et voir au-dessous d'eux, jusqu'à son dernier jour,
des choses d'ici-bas la fuite et le retour.
Mais de ces changements c'est Dieu seul qui dispose ,
ils ne sont les témoins sans en être la cause.
Admirable spectacle à nos regards offert !
Tantôt la main de Dieu s'y montre à découvert,
tantôt de notre orgueil défiant la malice,
dans le plus faible objet défend qu'on le saisisse ;
et dans cet objet même, invisible à nos yeux,
son pouvoir plus caché n'en éclate que mieux.
D'ailleurs un jour viendra, jour de vive lumière,
jour où la vérité brillera tout entière,
éclairant de ses feux sur le monde détruit
la dernière moisson de la paille et du fruit.
Telle est la foi du Sage. En elle, aucune entrave
des astres ou du sort ne rend l'esprit esclave ;
l'homme est libre, il choisit, puis reçoit à la fin
ou la honte ou la gloire au bout de son chemin.

6.

L'histoire l'a prouvé, l'Empire fût infâme.
Proconsuls, sénateurs, race vile et sans âme,
faisant trembler sous eux le pauvre genre humain,
et tremblant à leur tour aux pieds du *Souverain* ;
promenant la rapine et la mort dans les villes,
et d'autant plus cruels qu'ils étaient plus serviles ,
gens de sang et de boue et faits pour obéir,
incapables d'aimer et contents de haïr.
Force aveugle, brutale et, comme le tonnerre,
sans peine et sans plaisir, nés pour nuire à la terre.

Ah ! ne réveillez pas cet âge de long deuil,
et qu'il dorme plongé dans la nuit du cercueil,
avec ses vils muets et leur rage insensée,
sous le marteau barbare écrasant la pensée ;
et traquant sans merci la sainte liberté,
qui voilait de ses mains son beau front attristé.
Elle était jeune alors cette vierge divine ;
sous sa robe azurée et sa noble poitrine,
murmurait par moments une dolente voix
pour flétrir les bourreaux qui la mettaient en croix.
Elle est femme aujourd'hui, mère d'un peuple immense,
qui ne veut plus de vous, ni de votre silence.

7.

J'aimai tout d'abord les merveilles
dont Dieu décore l'univers :
les papillons et les abeilles,
l'horizon bleu, les coteaux verts.
J'aimai, pensif et solitaire,
voir votre éclat tout fraternel,
ô fleurs, étoiles de la terre,
et vous, étoiles, fleurs du ciel.

Quand buissons et bouquets sans nombre
étaient quittés par le soleil,
le firmament brillait dans l'ombre,
autre jardin calme et vermeil.
Vous échangiez avec mystère
vos doux rayons, votre doux miel,
ô fleurs, étoiles de la terre,
et vous, étoiles, fleurs du ciel.

Admirant votre double grâce,
l'ange visite dans son vol,
l'ardent parterre de l'espace
et l'odorant écrin du sol.
Pour charmer notre exil austère,
reflétez-vous l'Eden réel,
ô fleurs, étoiles de la terre,
et vous, étoiles, fleurs du ciel ?

8.

Dans ce chemin scabreux que l'on nomme la vie,
l'âme qui veut monter toujours est poursuivie
par une voix d'en-bas qui lui crie : où vas-tu ?
car le monde est rétif à suivre la vertu.
O vous qui, l'œil au but où notre âme se fie,
sentez la poésie et la philosophie
de leurs rayons unis vous échauffer le sein,
soutenez sans fléchir votre noble dessein,
et malgré la tourmente et sa clameur sauvage,
certains de cette paix que l'on goûte au rivage,
entraînez avec vous ce vulgaire hébété,
ainsi que l'on remorque un vaisseau démâté ;
car il faut dissiper la nuit noire et profonde
qui cache à ses regards l'aspect d'un autre monde,
afin que, loin du but trop longtemps écarté,
il puisse sur vos pas trouver la vérité.

9.

Un jour je me disais, voyant la grande mer,
écumeuse, monter en bouillonnant dans l'air,
et jusqu'au firmament pousser son cri sublime :
« Que sommes-nous, hélas ! devant un tel abîme... »
Et la bouche entr'ouverte et le sein agité,
j'étais morne et confus devant l'immensité.
Et cependant voilà que, à l'éclat des étoiles,
un vaisseau dans le port entrait à pleines voiles ;
les matelots debout, l'écume encore au front,
et leurs cabans trempés, étaient tous sur le pont ;
et leurs yeux, rayonnant du prisme de la gloire,
semblaient comme en triomphe annoncer la victoire ;
et l'homme, suspendu sur le gouffre béant,
me paraissait alors plus grand que l'Océan.
Soudain je m'écriai : Purs enfants de lumière,
eh ! n'admirons pas tant l'insensible matière,
car elle suit toujours un instinct arrêté,
comme Dieu, dès longtemps, l'a prescrit et dicté.
L'homme, son propre arbitre, est changeant par nature,
et, partant, au-dessus de toute créature ;
car, seul, il a reçu de la divinité,
ce qui fait sa grandeur : l'âme et la volonté.

10.

PRISE DE LA BASTILLE.

Quel est ce bruit de mer qui monte ;
formé de souffles, de rumeurs,
de longs éclats tonnants de fonte
et d'épouvantables clameurs ?
C'est le rugissement furieux de la foule,
poussant de son épaule un donjon qui s'écroule,
premier chaînon rompu d'un pouvoir inouï ;
c'est le peuple, grondant comme l'Océan gronde
et niant, sans pâlir en face du vieux monde,
  un dogme évanoui.

  Le droit divin s'affaisse et tombe
  devant le droit du genre humain ;
  et le trône ébranlé surplombe
  l'abîme qui l'attend demain.
Une divinité jalouse se révèle :
c'est la grecque *Athéné*, mais plus grande, plus belle,
avec plus de puissance, avec plus de fierté,
De nouveaux attributs couronnent la déesse ;
son nom même a changé : les enfants de Lutèce
  l'appellent *Liberté !*

 « Peuple, dit-elle, viens, je suis ta fiancée.
 « Nous n'aurons désormais qu'une même pensée,
 « un seul but où l'idée affermira la main :
 « l'émancipation de tout le genre humain !
 « Ce sublime projet, cette tâche féconde,
 « France, tu l'écriras dans les fastes du monde,
 « et tes sœurs, dans ta voie arrivant un beau jour,
 « avec elles portant l'espérance et l'amour,
 « comme fleuves grossis quittant leurs estuaires,
 « rouleront confondus les trônes séculaires,
 « et, sous l'œil du Progrès actif, étincelant,
 « pousseront ces débris au gouffre du néant.

  « Voilà ta mission sublime,
  « ô France, et tu vas la remplir.
  « Malgré les esprits de l'abîme,
  « ta grande œuvre doit s'accomplir.

« Par l'épée et par la parole,
« par l'idéal et le réel,
« Paris sera la métropole
« du grand congrès universel.
　« Et ceux qui brigueront la gloire,
« quelle que soit leur nation,
« ne pourront vivre dans l'histoire
« que par ta consécration.
« En avant donc, Paris, ô ville souveraine !
« Le moment est venu de bondir dans l'arène,
　　« aux lueurs de l'éclair...
« Un grand cercle de flamme entoure la Bastille ;
« la fusillade au loin roule, éclate, pétille,
　　« le plomb siffle dans l'air.

　« La mort frappe en tout sens les masses intrépides,
« mais ne relentit point leurs attaques rapides ;
　　· « chacun tombe à son rang.
« En avant ! peuple, cours sous la mitraille aîlée :
« va sans crainte !... Reçois dans l'ardente mêlée
　　« le baptême de sang... »

　　Et la foule, par chaque rue,
　des soldats défiant le choc,
　comme un torrent fougueux, se rue
　contre le gigantesque bloc.
　Elle étreint ses fortes murailles
　et, de la base au front des tours,
　fait frisonner jusqu'aux entrailles
　ce nid funeste de vautours.
　L'édifice ébranlé chancelle ;
　un long cri d'épouvante en sort ;
　un cri d'angoisse qui décèle
　la chute suprême du fort.

　　Versailles tremble à ces désordres ;
　et les Etats, la Tour, le *Roy*
　disent : Qui brave ainsi nos ordres ?...
　— La Liberté répond : C'est moi !

11.

Le secret d'être heureux est celui d'être sage,
croyez-le ; notre vie est comme un paysage
qui fuit et se transforme à l'œil du voyageur.
C'est la lune ; tantôt dans sa pleine largeur,
sur le bord d'un nuage, elle s'arrête et passe
comme un spectre égaré qui flotte dans l'espace ;
tantôt, frêle croissant, elle se penche aux yeux,
comme un vaisseau d'argent échoué dans les cieux :
ce soir, c'est une reine, écartant tous ses voiles,
qui rassemble autour d'elle et tient sa cour d'étoiles ;
hier, morne et sanglant, son disque avait surgi
comme un grand bouclier dans la forge rougi ;
et demain elle aura, loin du ciel, effacée,
caché sa honte, ainsi qu'une épouse chassée.

Telle est la vie, avec ses retours inconstants,
depuis les premiers jours, et surtout dans nos temps
où, du monde vieilli précipitant les phases,
l'odieux despotisme en ébranle les bases...
Pourquoi les bons punis ? Pourquoi le mal vainqueur ?
Mystères !... Attendons... et vivons par le cœur ;
vivons par la vertu, vivons par la pensée
triple don négligé par la foule insensée :
force, lumière, amour, humaine trinité,
symbole explicateur de la Divinité !

Vivez donc par le cœur ; car le reste est fragile.
Ambition ?... Colosse avec des pieds d'argile.
Vanité ?... Faux brillant que le jour amortit :
fruit de cire qui tente et trompe l'appétit.
Fortune ?... Fastueuse et vile courtisane,
qui vend cher ses faveurs, nous flétrit et nous damne,
sale idole, debout sur de sacrés débris,
et, dans un temple grec, patronne de Paris !
Ah ! vivons pour aimer ; aimer Dieu, la nature,
les arts, passion noble et féconde culture,
la sainte poésie, au feu doux et vermeil,
par qui l'âme s'épure et remonte au soleil !

www.ingramcontent.com/pod-product-compliance
Lightning Source LLC
Chambersburg PA
CBHW072016080426
42733CB00010B/1731